RENATO RODRIGUES COSTA GALVANO

A BOA-FÉ OBJETIVA NO ÂMBITO DOS CONTRATOS RELACIONAIS

RENATO RODRIGUES COSTA GALVANO

A BOA-FÉ OBJETIVA NO ÂMBITO DOS CONTRATOS RELACIONAIS

Del Rey editora

Belo Horizonte
2019

Impresso no Brasil | Printed in Brazil
EDITORIAL DEL REY LTDA

www.editoradelrey.com.br

Editor: Arnaldo Oliveira

Editor Adjunto: Ricardo A. Malheiros Fiuza

Diagramação / Capa: Alfstudio

Revisão: Responsabilidade do autor

EDITORA
Rua dos Goitacazes, 71 – Lojas 20 a 24
Centro - Belo Horizonte-MG – CEP 30190-909
Comercial:
Tel.: (31) 3284-3284 | 3293-8233
vendas@editoradelrey.com.br
Editorial:
editorial@editoradelrey.com.br

G182b

Galvano, Renato Rodrigues Costa
A boa-fé objetiva no âmbito dos contratos relacionais / Renato Rodrigues Costa Galvano. – Belo Horizonte: Del Rey, 2019.
xviii, 165 p. Inclui bibliografia.

ISBN: 978-85-384-0544-3

1. Direito civil 2. Boa fé (Direito) 3. Contratos I. Título

CDU (1976) 347.44

Ficha catalográfica elaborada pelo bibliotecário Junio Martins Lourenço CRB 6/3167.

Aos meus avós Ariocy, Ignez,

Rosalina e Vicente, todos
in memoriam.

AGRADECIMENTOS

Começo meus agradecimentos pelo Professor Marco Fábio Morsello, que tive a sorte de conhecer e me abriu as portas para cursar o Mestrado em Direito Civil na Faculdade de Direito do Largo de São Francisco, culminando na presente obra, fruto de dissertação sobre tema tão apaixonante. É um exemplo de ser humano, profissional e acadêmico, notabilizado pela profundidade e seriedade com que atua em todos os campos, cotejadas com extrema humildade e leveza.

Agradeço aos Professores Renan Lotufo e Otavio Luiz Rodrigues Junior por todas as sugestões, considerações, críticas e incentivos relativos à obra. Certamente, foram motivo de engrandecimento e incremento na pretendida contribuição à comunidade jurídica.

A produção científica leva o autor a momentos de isolamento, cujos efeitos são sentidos pelas pessoas de convívio mais próximo, de modo que não posso deixar de agradecer à minha esposa Isabela e a meus filhos, João Pedro e Helena, solução imediata de todos os problemas, por todo apoio direto e indireto que me proporcionaram, impulsionando-me ainda mais.

Do meu atual núcleo familiar ao mais remoto, agradeço aos meus pais, Amélia e Sérgio, juntamente com minhas irmãs, Júlia e Maíra, por contribuírem sempre com minha formação desde a tenra idade, o que, certamente, tem viabilizado produções como esta. Incluo neste contexto o amigo-irmão Marcus Onodera, fonte de grandes reflexões e um dos incentivadores responsáveis pela realização desta obra.

Deixo um agradecimento especial ao amigo André Teixeira e aos amigos de Arcadas: Fábio Malagó; Lourival Lofrano; Marcelo Junqueira; Marcos Fantinato; Renato Mazaro; Ricardo Calil; Ricardo Sanchez; Ricardo Toledo; Thiago Aguiar; Thiago Furtado e Olavo de Camargo, por terem feito parte da gênese de todo e qualquer trabalho jurídico produzido.

E, por último, aos caros amigos e colegas de trabalho Andréa Di Paolo e Jairo Candido (*in memoriam*) pelas contribuições diretas e indiretas que viabilizaram a elaboração e publicação do livro "**A boa-fé objetiva no âmbito dos contratos relacionais**".

APRESENTAÇÃO

Muito honrado com o convite para redigir a apresentação do livro A *Boa-fé Objetiva no âmbito dos Contratos Relacionais,* é com gáudio que asseguro ao leitor que o Doutor Renato Rodrigues Costa Galvano está a publicar obra cujo tema se afigura primordial na literatura jurídica nacional. Tanto pelo seu conteúdo teórico quanto pelo espectro de questões práticas, o presente trabalho – resultante de defesa de dissertação de mestrado na Faculdade de Direito da Universidade de São Paulo – certamente não decepcionará quem nele quiser se instruir no importante campo da cláusula geral de boa-fé na seara dos negócios jurídicos contratuais relacionais.

O autor, aliás, para chegar à elaboração desta obra de maturidade intelectual, realizou longa e profunda pesquisa nacional e internacional, trazendo a lume sua sólida formação acadêmica. O livro é bastante completo, atual e tem nível universal.

Partindo de perspectiva evolutiva e conceitual da boa-fé objetiva, sem descurar dos vezos críticos, quando necessários, o autor aponta sua utilidade manifesta, nomeadamente no direito contemporâneo. Prosseguindo no *iter* metodológico, desvela a importância categorial dos negócios jurídicos relacionais, findando por acentuar a maior densidade da cláusula geral de boa-fé, forte na premissa da colaboração intensa que permeia mencionados vínculos.

Nesse contexto, traz a lume visão contextual, de modo a fixar seus lindes. Por seu turno, não se contenta com seu aspecto estrutural fixo, na medida em que, o funcionaliza, propondo efetiva cláusula geral, de modo a possibilitar a propalada flexibilização, consentânea com a operabilidade e eticidade, que juntamente com a socialidade compõe a tríade instrumental do Código Civil pátrio.

Não se descurou, por outro lado, do importante vetor operacional, à luz dos denominados contratos existenciais e de lucro, de modo a propiciar ao intérprete o cotejo com os princípios sociais, modulando em freios e contrapesos a densidade de aplicação da cláusula geral em comento.

O autor examina criticamente todas as questões que desafiam o operador do direito, propugnando por análise crítica do instituto e recorte metodológico conceitual.

Os temas são muitos e variados; a leitura é agradável e útil, com linguagem escorreita e rica fonte bibliográfica jurídica; a obra engrandece a civilística brasileira.

São Paulo, 30 de janeiro de 2018.

Marco Fábio Morsello
Professor Doutor de Direito Civil na Faculdade
de Direito da Universidade de São Paulo.
Juiz de Direito em São Paulo.

PREFÁCIO

Tenho a honra de apresentar este livro, que corresponde à dissertação de mestrado de Renato Rodrigues Costa Galvano, defendida com brilhantismo no âmbito do programa de pós-graduação da Faculdade de Direito do Largo de São Francisco, da Universidade de São Paulo.

Conheci o autor nas Arcadas, onde se graduou em Direito no ano de 2004, e se tornou mestre em 2016, sob a erudita orientação do professor doutor Marco Fabio Morsello, meu colega no Departamento de Direito Civil e uma das brilhantes expressões intelectuais da magistratura bandeirante. Renato Rodrigues Costa Galvano revelou interesse pelo Direito Civil desde a graduação, o que também o levou a concluir especialização no Instituto de Ensino e Pesquisa – Insper, em 2014, com trabalho sobre penhor, hipoteca e alienação fiduciária em garantia. Durante o Mestrado, ele se dedicou ao estudo do objeto de sua dissertação, que dá título a este livro, "A boa-fé objetiva no âmbito dos contratos relacionais", no Direito Comparado, aproveitando-se da experiência e das fontes estrangeiras.

Durante a banca de qualificação ofereci uma série de proposições e de questionamentos, que foram de modo extremamente elegante, assimilados e posteriormente incorporados ao texto final da dissertação. Durante a defesa do trabalho final, observei o amadurecimento do autor e seu enorme empenho em resolver os dilemas que impõem um trabalho sobre temas tão complexos como boa-fé e contratos relacionais.

O resultado é agora oferecido ao público lusófono, com uma bem cuidada edição da Del Rey Editora, e que se compõe de uma introdução, quatro capítulos temáticos e uma conclusão.

Renato Rodrigues Costa Galvano, inicialmente, ocupa-se de oferecer ao leitor uma unidade conceitual em torno dos contratos relacionais. Com um apuro não muitas vezes encontrável mesmo na melhor literatura especializada, ele examina e distingue os contratos relacionais em face dos contratos-quadro, dos contratos coligados, das redes contratuais, dos contratos incompletos, descontínuos e de longo prazo. Nesse capítulo, intitulado "A teoria contratual relacional", o autor oferece conclusões parciais que conectam a dissertação com a etapa seguinte, dedicada à boa-fé objetiva.

No segundo capítulo, a mesma preocupação sistematizadora vem acompanhada agora de um tom histórico e comparatístico. As críticas de Jan Peter Schmidt à incidência da boa-fé objetiva na jurisprudência brasileira são incorporadas ao texto e desenvolvidas pelo autor de modo respeitoso, mas igualmente firme. A fuga dos lugares-comuns e da pletora de obviedades que contaminou esse tema em parte da doutrina brasileira é uma das características marcantes desse segundo capítulo.

A conexão entre boa-fé objetiva e contratos relacionais aparece de modo íntegro no capítulo terceiro. Há uma tentativa de se delimitar o que seria o âmbito relacional e, na sequência, estabelecer critérios de intensidade. Para além disso, Renato Rodrigues Costa Galvano apresenta ao leitor dois grupos de casos de aplicação prática da tese por ele defendida: os contratos previdenciários e os contratos de cessão nos shopping centers.

No capítulo quarto, o autor localiza o nascimento da teoria dos contratos relacionais no marco da experiência jurídica de língua inglesa e faz a transposição do tema para a realidade romano-germânica, com o uso de obras centrais sobre o tema, como os escritos de Jean Gatsi (em França), Rodrigo Xavier Leonardo e Ronaldo Porto Macedo (no Brasil) e Reinhard Zimmermann (na Alemanha).

Outro ponto alto do livro é a profundidade da pesquisa, a qual se revela pelo considerável número de 574 notas de rodapé, muito expressivo para uma dissertação de mestrado. As notas não são meros instrumentos de erudição estéril. Houve leitura dos textos citados e, acima de tudo, eles dialogam com cada seção dos capítulos do livro. A literatura utilizada é riquíssima, com obras em espanhol, italiano, inglês, francês e português. Desse conjunto, destacam-se autores clássicos e contemporâneos, além de um equilíbrio entre livros e periódicos, o que também demonstra o grau de amadurecimento do autor, a despeito de sua juventude.

O livro "A boa-fé objetiva no âmbito dos contratos relacionais" foi escrito com muita seriedade e se despiu de um grande defeito de obras nascidas nos meios acadêmicos por alguém forjado na vida profissional: a aridez do estilo, os resquícios da linguagem praxista e o excesso de ouropéis, todos eles, cada um a seu modo, capazes de subtrair a formosura da língua e de afastar o leitor, tão sobrecarregado de opções. Renato Rodrigues Costa Galvano, à custa de muitas renúncias pessoais e profissionais, além de uma humildade notável, soube evitar essas armadilhas e esses condicionamentos. Ele entrega ao leitor um texto dialógico, agradável e atual. Ele não teve tempo para ser prolixo.

Em certa medida, este livro – espera sinceramente este prefaciador – é o prenúncio de outras contribuições de Renato Rodrigues Costa Galvano à literatura jurídico-civilística. E, pode-se dizer ao autor, em resposta à indagação lançada em suas notas de agradecimento, que ele foi exitoso em integrar ao texto, da forma mais adequada, os apontamentos que se lançaram na qualificação e na defesa da dissertação. Com superior êxito, diga-se.

Prefácios longos são um tormento para os autores e para os leitores. Aos primeiros, tem-se o constrangimento das antecipações maçantes do que o texto deveras contém. Aos segundos, por impedirem o acesso imediato ao que realmente interessa, o livro em si. Com receio de haver cometido esse excesso, deve-se encerrar de imediato o prefácio, com o singelo convite ao leitor: aproveite esta obra. Existe muito do autor nas próximas páginas e do melhor que ele poderia oferecer.

São Paulo, 08 de setembro de 2018.

Otavio Luiz Rodrigues Jr.
Professor Associado de Direito Civil da Faculdade de
Direito do Largo de São Francisco (USP).
Coordenador da Área de Direito da CAPES

NOTA DO AUTOR

A atualidade está permeada de relações socioeconômicas complexas, que demandam a existência de figuras contratuais capazes de lhes dar o contorno adequado, de modo que os princípios contratuais clássicos e neoclássicos, individualmente considerados, não mais suprem essa necessidade. Dessa realidade, surgem os contratos relacionais, de natureza, desejadamente, aberta, incompleta, programática e duradoura. Em concomitância, como forma de compensar as limitações dos princípios do *pacta sunt servanda*, da liberdade contratual e da autonomia da vontade, surgem os novos princípios sociais do contrato, entre os quais se destaca a boa-fé objetiva e, consequentemente, seus deveres anexos ou laterais de conduta, que operam de maneira muito peculiar e mais intensa nas ditas interações relacionais, sobretudo quanto ao dever anexo de cooperação e todas as suas repercussões. Tanto que são tão importantes quanto o objeto principal do contrato, chegando a fazer parte dele, de sorte que seu descumprimento gera consequências relevantes às partes contraentes e ao contrato em si considerado. Dessa forma, concentramos esforços no estudo da boa-fé objetiva no âmbito dos contratos relacionais, dedicando capítulo introdutório ao tema, para adentrarmos, no primeiro capítulo, à análise específica dos contratos relacionais. Já no segundo capítulo, verificaremos aspectos da boa-fé objetiva, buscando observar seus contornos atuais, para, no terceiro e principal capítulo, em cotejo, estudarmos a boa-fé objetiva no âmbito dos contratos relacionais. Enfim, fechamos com capítulo derradeiro trazendo as conclusões extraídas de todo o trabalho em conjunto.

SUMÁRIO

INTRODUÇÃO

Quando nos debruçamos sobre temas cujo objeto seja o direito contratual, não raro estamos a enfrentar paradigmas do direito contratual clássico e neoclássico frente a conceitos ou aspectos do direito contratual moderno ou contemporâneo[1].

---

[1] Ao longo de todo o texto haverá remissões aos paradigmas contratuais clássicos e neoclássicos em contraste com os novos paradigmas contratuais, nos quais se insere a teoria dos contratos relacionais. Por isso, entendemos de suma importância alguma reflexão acerca do que seja um paradigma, cientificamente falando, o que nos levará, obrigatoriamente, a socorrermo-nos das conceituações de Thomas Kuhn que desenvolveu importantes concepções sobre a construção do conhecimento científico e não científico. Para Thomas Kuhn, a construção de uma ciência dividir-se-ia em fases: (a) pré-paradigmática; (b) ciência normal; (c) crise; (d) revolução; (e) fase de nova ciência; (f) fase de nova crise; (g) fase de nova revolução e assim em diante. A fase pré-paradigmática equivaleria, analogamente às fases da linha da História *versus* o tempo, ao período pré-histórico, em que vige a divergência, a discussão acerca de quais fenômenos a serem estudados, quais seriam os princípios teóricos que norteariam tais fenômenos e quais as suas relações e aplicações. Assim, enquanto houver tal processo dialético, ainda não teremos ciência, que somente existirá no momento em que houver definição de um paradigma, que contaria com uma conceituação bastante ampliativa segundo as concepções kuhnianas. Antes disso, poderia ser entendido como sinônimo de modelo ou exemplo. Aproveitando-se desse significado, mas não se limitando a ele, Thomas Kuhn avaliou que a fase científica necessita de uma realização exemplar, paradigmática, para estabelecer-se. Um paradigma não seria composto por um número estanque de elementos, sendo o seu reconhecimento tácito em certos aspectos, somente plenamente observado quando a ciência é praticada sob suas determinantes. De toda forma, compõem um paradigma a ontologia; os princípios teóricos; regras metodológicas; valores e exemplos concretos da aplicação teórica. Logo, um paradigma informa os fundamentos sobre os quais as atividades científicas são desenvolvidas naquela seara de que se trata. Quando um paradigma mostra-se insuficiente a conter e solucionar situações fáticas concretas, estaremos diante do que Thomas Kuhn convencionou chamar de "anomalia", havendo necessidade de substituição deste próprio paradigma. Estaríamos diante de um momento de crise, em que cientistas criativos e mais ativos propõem alternativas, as quais vão ganhando corpo, passando pela fase pré-paradigmática, até tornarem-se um novo

Tal alternância da visão contratual deve-se, sobretudo, às modificações da realidade socioeconômica ao longo do tempo, notadamente, a transformação da economia e dos mercados, dos métodos de produção, comercialização e circulação de riquezas, demandando atualizações jurídico-contratuais que deem suporte e fluência aos novos mecanismos de funcionamento econômico.

Há visão no sentido de que o contrato é válido quando se enquadra no discurso pragmático, ou seja, quando se adéqua à sua finalidade de servir de instrumento à produção e circulação de riquezas no âmbito dos sistemas social e econômico em que se insere[2].

O professor Calixto Salomão Filho afirma que:

> O direito continua sujeito a determinismos econômicos. Os exemplos existentes de influência do direito na realidade econômica têm, via de regra, duração efêmera e mais cedo ou mais tarde a interpretação de textos legais movidos por intenção transformadora acaba por se render às determinantes econômicas[3].

Uma das principais funções dos contratos é viabilizar a circulação de riquezas. Segundo Carnelutti, o contrato seria "instrumento jurídico de circulação"[4]. Em uma visão mais ampla e atualizada desse conceito, todo contrato implicaria

---

paradigma. Não necessariamente haverá substituição completa do paradigma antigo pelo novo. Ambos podem coexistir, sobrepondo-se um ao outro de acordo com o caso concreto e o momento. Não obstante, quando houver substituição total de um pelo outro, ocorrerá o que Thomas Kuhn chamou de "revolução científica" (KUHN, T. S. *The structure of scientific revolutions*. 2. ed., enlarged. Chicago and London: University of Chicago Press, 1970).

2 FERES, Marcos Vinício Chein; DIAS, João Paulo Torres. Teoria geral dos contratos relacionais: uma análise procedimental. *Revista de Direito Privado*, São Paulo, ano 8, n. 30, abr./jun. 2007, p. 178. Os mesmos autores destacam (p. 178-180) que existem dois outros filtros pelos quais o contrato deva passar para ter validade, dentro de uma concepção habermasiana, quais sejam: filtro do discurso ético-político e filtro do discurso moral. O discurso ético-político seria aquele pautado pelo agir comunicativo, de modo que os agentes entrem em consenso reconhecendo o bem comum de ambos e de toda a coletividade. Abre-se mão do agir estratégico em benefício do agir cooperativo. Já o discurso moral é concebido pela concepção de justiça, em que a boa-fé objetiva também se faz muito presente.

3 SALOMÃO FILHO, Calixto. Breves acenos para uma análise estruturalista do contrato. *Revista de Direito Mercantil, Industrial, Econômico e Financeiro*, v. 141, 2006, p. 28.

4 Já em 1933, Francesco Carnelutti definia o contrato como "instrumento jurídico de circulação", sendo que as duas fases básicas do processo econômico seriam a produção e a distribuição (*Teoria giuridica dela circolazione*. Padova: Cedam, 1933. p. 15-19).

uma operação econômica[5]. Ou seja, transformações econômicas costumam provocar modificações, adaptações ou, no mínimo, reflexões jurídicas.

Contrato é negócio jurídico e, por demandar a presença de pelo menos duas partes, é negócio jurídico bilateral, podendo ser plurilateral[6]. Etimologicamente, negócio vem do latim: *nec otium*, querendo significar "não ócio", ou seja, atividade, relacionando-se, muita das vezes, à atividade econômica, em todos os sistemas jurídicos nacionais[7].

Partimos do paradigma do sistema fechado representado em seu esplendor pelo Código Civil Napoleônico de 1804, baseado na autonomia da vontade e na liberdade contratual, dando margem a que as partes decidissem contratar ou não contratar, assim como fixassem o conteúdo dos contratos. Com efeito, uma vez formalizado o contrato, as partes ficavam ligadas de modo irrevogável à palavra dada, vindo à tona o *pacta sunt servanda*[8].

Vigia a igualdade formal das partes, sem que houvesse lugar para a denominada igualdade intrínseca ou a justiça substancial das operações econômicas. As partes estavam tão fortemente vinculadas à avença que pouca diferença existia entre o contrato e a lei[9].

Entretanto, em período imediatamente subsequente, os movimentos populares levaram à cena o Estado Social, em meio ao qual se pretendeu atingir muito mais do que a igualdade formal, iniciando-se a ruptura dos paradigmas contratuais clássicos e neoclássicos, fazendo emergir os princípios da boa-fé objetiva, da função social do contrato e do equilíbrio contratual, principalmente, pelo fato de os paradigmas clássico e neoclássico não serem capazes de

---

5 Conforme Enzo Roppo, o contrato é "a veste jurídico-formal de operações econômicas" (*O contrato*. Tradução de Ana Coimbra e Manuel Januário Costa Gomes. Coimbra: Almedina, 1988. p. 9-11).

6 GOMES, Orlando. *Contratos*. 26. ed. revista e atualizada por Antonio Junqueira de Azevedo e Francisco P. de Crescencio Marino. Rio de Janeiro: Forense, 2009. p. 4.

7 LOTUFO, Renan. Teoria geral dos contratos. In: LOTUFO, Renan; NANNI, Giovanni Ettore (Coord.). *Teoria geral dos contratos*. São Paulo: Atlas, 2011. p. 7.

8 MORSELLO, Marco Fábio. Contratos existenciais e de lucro. Análise sob a ótica dos princípios contratuais contemporâneos. In: LOTUFO, Renan; MARTINS, Fernando Rodrigues; NANNI, Giovani Ettore (Coord.). *Temas relevantes do direito civil contemporâneo*. São Paulo: Atlas, 2012. p. 294.

9 MORSELLO, Marco Fábio. Contratos existenciais e de lucro. Análise sob a ótica dos princípios contratuais contemporâneos, cit., p. 294- 295.

fornecer ferramentas para a composição de partes não paritárias, que vivem em uma sociedade de consumo dotada de métodos de contratação em massa (contratos de adesão)[10].

Somado a isso, a partir da segunda metade do século XX, o mundo passou por verdadeira revolução econômica, seja pela efetivação da globalização dos mercados de produtos e serviços, seja pelas inovações tecnológicas ou, ainda, pelas novas exigências dos mercados consumidores massificados[11].

Assim, houve a necessidade de adaptação do direito contratual, a fim de que as novas exigências de mercado pudessem ser atendidas e validadas juridicamente, notadamente, fornecedores e consumidores passaram a utilizar contratos de longa duração ou contratos de duração ou, ainda, contratos cativos[12], os quais procuram regular relações de trocas continuadas, por períodos longos de tempo[13].

A teoria contratual clássica ou neoclássica, contudo, funda-se em conceitos limitados e determinados ao tratar do vínculo contratual, de sorte a não atender e não se adaptar plenamente a inúmeras situações complexas contemporâneas.

Aliás, para o direito contratual clássico e sua versão mitigada, representada pelo direito contratual neoclássico, o foco era banir qualquer possibilidade de presença do binômio indeterminação-incerteza do contexto de qualquer relação contratual. Como decorrência de todo o histórico que precedeu a essa formulação, prevalecia uma concepção formalista que visava garantir a segurança e previsibilidade nas relações contratuais.

Entendia-se que a falta de determinação de um termo ou cláusula contratual levaria à nulidade de todo o contrato. Logo, não havia contrato válido e ambíguo ou incerto. Enquanto se objetivava barrar a indeterminação e incerteza nas cláusulas contratuais, criava-se uma série de limitações às partes no

---

[10] MORSELLO, Marco Fábio. Contratos existenciais e de lucro. Análise sob a ótica dos princípios contratuais contemporâneos, cit., p. 295.

[11] MACEDO JUNIOR, Ronaldo Porto. *Contratos relacionais e defesa do consumidor*. 2. ed. São Paulo: RT, 2007. p. 103.

[12] MARQUES, Cláudia de Lima. *Contratos no Código de Defesa do Consumidor*. 7. ed. São Paulo: RT, 2014.

[13] MACEDO JUNIOR, Ronaldo Porto. *Contratos relacionais e defesa do consumidor*, cit., p. 105-106.

sentido de introduzirem modificações durante a execução contratual. Não se concebia modificar sem que isso pudesse implicar a conclusão de um novo contrato[14].

Por essa razão, o direito contratual tem passado por transformações substanciais, as quais não têm como causa um único fator, como maior ou menor intervenção do Estado na economia ou a massificação das contratações, mas sim uma gama de fatores transmutadores de natureza jurídica, social e econômica.

As mudanças no modo de organização da produção, assim como na forma de circulação da riqueza, são agentes catalisadores importantes para significativas modificações na dinâmica das contratações.

Atualmente, busca-se, claramente, um processo de auxílio mútuo entre agentes contratantes, dentro de nichos corporativos, por exemplo, definindo-se relações de cooperação, confiança e, mesmo, de solidariedade entre as partes, visando, notadamente, ao aumento da produtividade e incremento dos lucros.

Em termos brasileiros, a edição do Código Civil de 2002 trouxe princípios inexistentes no âmbito do diploma anterior, sob as diretrizes da eticidade, socialidade e operabilidade, que não extinguem a existência dos princípios tradicionais[15].

Enfocando-se o estudo dos contratos, destacam-se os três famosos novos princípios, quais sejam: o equilíbrio econômico do contrato; a função social do contrato; e a boa-fé objetiva, sendo esta última intimamente ligada aos axiomas da eticidade, socialidade e operabilidade. Nesse contexto, houve realce do significado etimológico do termo "negócio", especialmente, enquanto contrato, que denotava o não ócio, a atividade.

Há exigência de que o indivíduo atue positivamente na persecução de seus interesses, na conquista e preservação de suas garantias, sob pena de se ver prejudicado pela omissão. Requer-se maior interação entre as partes contratuais e destas com a sociedade e o sistema em que habitem, em termos não só jurídicos, mas econômicos, políticos e sociais propriamente ditos[16].

---

[14] ANDRADE, Darcy Bessone de Oliveira. *Do contrato:* teoria geral. Rio de Janeiro: Forense, 1987. p. 191.

[15] LOTUFO, Renan. Teoria geral dos contratos, cit., p. 10-20. Com arrimo nas lições de Miguel Reale, segundo suas anotações sobre a elaboração do Código Civil de 2002 (*História do novo Código Civil*. São Paulo: RT, 2005).

[16] LOTUFO, Renan. Teoria geral dos contratos, cit., p. 20-21.

Essas novas acomodações ensejaram avanço da teoria contratual baseada nas possíveis novas relações contratuais que acompanhem as relações de mercado atuais, não aquelas dos séculos passados. A partir desse quadro, surgiu e ganhou importância a teoria dos contratos relacionais, na medida em que se referem às relações contatuais de longa duração e "abertas", caracterizadas pela interdependência entre as partes envolvidas.

O idealizador da teoria dos contratos relacionais foi o professor norte-americano de origem nobre escocesa Ian R. Macneil. Considerado um dos líderes nos estudos contratuais norte-americanos durante sua carreira, foi eleito membro da Academia Americana de Artes e Ciências, tendo escrito alguns livros e inúmeros artigos, monografias e outros trabalhos acadêmicos, especialmente, sobre os temas "contratos" e "arbitragem". Ministrou aulas em algumas universidades norte-americanas, entre elas, Universidade de Virgínia, Universidade Northwestern, em Chicago, Universidade de Cornell e Harvard, quando teve como aluno o Presidente Barack Obama. Faleceu em 16 de fevereiro de 2010, aos 80 anos, em Edimburgo, na Escócia, onde vivia[17].

Por sua vez, o professor brasileiro da Faculdade de Direito da Universidade de São Paulo, Ronaldo Porto Macedo Junior, a partir de célebre artigo "Contrato previdenciário como contrato relacional", somado à sua obra "Contratos Relacionais e Defesa do Consumidor", foi o principal responsável por introduzir no Brasil a teoria dos contratos relacionais.

Trata-se de relações contínuas e duradouras, nas quais os termos e condições de prestações e contraprestações são cada vez mais abertos, com objetos, no mais das vezes, indeterminados (malgrado determináveis) e destinados a possibilitarem a renegociação e o replanejamento permanentemente.

O fato de vivermos em uma sociedade de serviços, sem muitos dos quais a vida do indivíduo seria praticamente impossível, fez do contrato de longa duração item recorrente e de elevado destaque[18], de modo que a satisfação das partes envolvidas está justamente atrelada à continuidade da relação jurídica, devendo o contrato ser apto a perpetuar seus efeitos ao longo do tempo, como os contratos de plano de saúde, exemplificativamente.

---

17 TREMMEL, Pat Vaughan. *Obituary*: Ian R. Macneil. 17.2.2010. Disponível em: <http://www.northwestern.edu/newscenter/stories/2010/02/macneil.html>. Acesso em: 2 nov. 2015.

18 A este respeito, fez considerações com embasamentos, inclusive, empíricos Paulo Dóron R. de Araújo em tese de doutoramento (ARAÚJO, Paulo Dóron Rehder de. *Prorrogação compulsória de contratos a prazo*. Tese (Doutorado) – Faculdade de Direito, Universidade de São Paulo, São Paulo, 2011. p. 255 e ss.).

Os contratos relacionais devem pautar-se pela convivência reiterada e pela confiança entre as partes porque mudanças sociais, econômicas, culturais ou políticas estão sujeitas a ocorrer durante os anos de relação contratual, razão pela qual os tradicionais princípios da teoria contratual clássica não são mais suficientes a fornecerem ferramentas para regular esse tipo de vínculo.

Por isso, os contratos relacionais, mais do que estabelecerem cláusulas de prestações e contraprestações, estabelecem programas de cooperação e rearranjo entre as partes ao longo do tempo, de modo a não haver lugar para contratantes meramente individualistas que busquem vantagens puramente pessoais, adotando comportamentos oportunistas, sem atentar aos anseios e necessidades da contraparte.

Nessa linha de raciocínio, no âmbito dos contratos relacionais, as partes procuram envidar seus melhores esforços no sentido de cooperar reciprocamente, tentando evitar ao máximo a ruptura contratual, diferentemente do que ocorre nos contratos descontínuos ou não relacionais, nos quais, muitas vezes, eventual extinção anômala da relação contratual pode até ser não só benéfica, mas desejada por uma das partes.

As mútuas expectativas de continuidade do vínculo contratual geram confiança entre as partes, sustentando-se a relação contratual na inexistência de abusos da posição contratual dominante ou prejuízos à parte mais fraca ou detentora de certa vulnerabilidade, visto que o dever de lealdade e cooperação integrará o contrato em toda sua duração, sendo certo que se comportar de outra forma pode ser prejudicial ao próprio ator de quem se fala.

Apenas pela análise da constatação feita no parágrafo anterior, sem maiores esforços intelectuais, nota-se que a aplicação da boa-fé objetiva aos contratos relacionais deve ser completamente distinta da aplicação do mesmo princípio aos contratos não relacionais ou descontínuos.

Nestes, o princípio da boa-fé objetiva tem menor aplicação. Já naqueles, a boa-fé objetiva deve ser aplicada intensamente durante todas as fases contratuais, conforme assevera Antonio Junqueira de Azevedo, *in verbis*:

> Inversamente, os contratos de longa duração e em que há necessidade natural de contato permanente entre as partes ("contratos relacionais"), a dinâmica da relação contratual exige, pela relativa indeterminação de seu objeto, que vai se concretizando passo a passo, uma aplicação intensa da boa-fé como norma de colaboração – e, portanto, em suas funções

> tanto interpretativa, com reforço do pactuado e criação de deveres de comportamento, quanto supletiva[19].

Diante desse novo cenário político, cultural, social e, principalmente, econômico que permeia a sociedade globalizada, entusiasmados com as reflexões dos professores Ian R. Macneil, Ronaldo Porto Macedo Junior e Antonio Junqueira de Azevedo, propomo-nos a verificar a aplicação do princípio da boa-fé objetiva no âmbito dos contratos relacionais.

Pelo fato de a teoria em apreço ser de origem norte-americana, haverá necessidade de verificarmos sua penetração no Brasil e sua sincronia com o ambiente de contratações existente, diferenciando os contratos relacionais do que sejam os contratos-quadro e os contratos coligados, para clarificar sua autonomia doutrinária.

Após isso, vamos apontar como a boa-fé objetiva é aplicada nos contratos não relacionais ou descontínuos e as respectivas diferenças em relação à correlata aplicação nos contratos relacionais. E em que medida tais diferenças devam ser, realmente, mais ou menos acentuadas para o melhor andamento das práticas contratuais.

Nossa proposta e ambição não é conceber inovações abstratas e inócuas às regras de aplicação da boa-fé objetiva aos contratos, muito menos uma nova teoria a respeito dos contratos relacionais, mas analisar essencialmente a teoria dos contratos relacionais sob o enfoque de sua integração ao princípio da boa-fé objetiva e contornos de sua aplicação, à luz de sua verificação diante de certas hipóteses concretizadas.

Paula Forgioni tem asseverado que os contratos de longa duração, confiança (como base da relação contratual) e boa-fé objetiva estão sendo estudados, revisitados e utilizados tanto pela doutrina como pela jurisprudência, o que ratifica a importância de estudos mais verticalizados sobre o tema[20], especificamente, ao nosso ver, acerca da medida de aplicação da boa-fé objetiva no âmbito dos contratos relacionais, em que tal princípio tem papel fulcral, haja vista características ínsitas a tal sorte contratual que não se confundem com mero prolongamento no tempo.

---

[19] AZEVEDO, Antonio Junqueira de. Considerações sobre a boa-fé objetiva em acordo de acionistas com cláusula de preferência: excertos teóricos de dois pareceres. In: AZEVEDO, Antonio Junqueira de. *Novos estudos e pareceres de direito privado*. São Paulo: Saraiva, 2009. p. 129.

[20] Cf.: FORGIONI, Paula A. *Contrato de distribuição*. São Paulo: RT, 2005. p. 73.

Para alcançar o objetivo proposto, o presente trabalho dissertativo será dividido em 3 (três) capítulos, além da introdução e conclusões. No primeiro, discorreremos acerca dos aspectos gerais dos contratos relacionais, iniciando por sua parte histórica, passando pelo estudo de contrastes entre os contratos relacionais e outras figuras contratuais que guardam certa conexão e diferença dignas de nota com aqueles contratos, que são os contratos-quadro; os contratos coligados; os contratos descontínuos; os contratos incompletos e os contratos de longo prazo, para chegarmos, a par dessas explicitações, à sua conceituação, caracterização e pressupostos.

O segundo capítulo será dedicado ao princípio da boa-fé objetiva, identificando-se traços de sua origem e escorço histórico, passando por alguns contornos importantes do instituto, funções e campos de atuação, especialmente, quanto à sua aplicação no Direito Contratual. A parte final do capítulo será dedicada a estudar o viés da cooperação.

Na sequência, abordaremos, no terceiro capítulo, a explicitação da aplicação do princípio da boa-fé objetiva no âmbito dos contratos relacionais, em que trataremos da boa-fé objetiva e sua correlação com os contratos relacionais, existenciais e de lucro, conjuntamente apanhados, sua intensidade, ocorrências no descumprimento dos deveres correlatos à boa-fé objetiva, assim como considerações no bojo do Código Comercial do Império, para, então, tratarmos de exemplos práticos, como o dos contratos previdenciários e dos contratos de cessão de espaço nos shopping centers.

À guisa de conclusões, retomaremos suscintamente os pontos tratados em cada capítulo ou subcapítulo, explicitando suas conclusões parciais, para, enfim, trazer à tona respostas acerca da existência, funcionamento e intensidade da boa-fé objetiva no âmbito dos contratos relacionais

1

A TEORIA CONTRATUAL RELACIONAL

1.1 Escorço histórico

A primeira tarefa para entender os contratos relacionais na dimensão comportamental ou, melhor, o conceito relacional a partir do qual se estabelece uma visão do contrato para além do paradigma clássico ou neoclássico, é entender que se trata da troca de produto da especialização do trabalho. A troca ocorrerá sempre quando exista especialização[21].

Em segundo lugar, trocas instantâneas podem ter apenas função limitada em qualquer economia, sem importar o quanto orientado pelo mercado seja aquele sistema econômico em si considerado. Tal função refere-se à transferência de controle do capital e trabalho, ou seja, bens e serviços, entre entidades independentes.

Por isso, há que se reconhecer relativa raridade em tais relações se e quando comparadas ao padrão relacional de trocas porque as trocas relacionais, além de servirem à função de transferência de controle, estão intimamente ligadas a todos os aspectos da produção física de bens e serviços[22].

---

21 MACNEIL, Ian R. Relational contract: what we do and do not know. *Wisconsin Law Review*, v. 483, 1985. p. 487.

22 MACNEIL, Ian R. Relational contract: what we do and do not know, cit., p. 487-488.

Já para se compreender a dimensão do direito posto, que interage com o aludido aspecto comportamental, Ian R. Macneil atem-se a dois períodos especialmente recortados no tempo: (i) do ano de 1865 a 1933; e (ii) do ano de 1933 em diante. No primeiro desses períodos, os Estados Unidos da América eram dominados pelos contratos relacionais, em que pese as trocas discretas serem lugar comum, exercendo, pois, muita influência sobre a sociedade em variados aspectos[23].

A propriedade, pré-requisito para que trocas instantâneas possam ocorrer, foi o fundamento legal, seguido pela liberdade, durante todo o período dentro do qual foi concebida a venda do trabalho. Havia um forte direito sobre o qual se construíram regras a respeito de vendas e trocas, notadamente, o princípio da liberdade contratual[24].

Ao mesmo tempo, a legislação comportava as trocas relacionais, as quais permeavam as relações de emprego e as próprias corporações, que traduzem contratos relacionais por natureza. Por seu turno, dentro do período que vai de 1933 até os dias mais atuais, o crescente intervencionismo estatal em quase todas as áreas socioeconômicas provocou, basicamente, dois efeitos no cenário a ser estampado: (i) fez diminuir o grau de instantaneidade em todas as relações pela introdução do elemento relacional regulatório; e (ii) mudou o conteúdo substantivo e procedimental das relações contratuais. Aqui, ora fazendo-as mais relacionais; ora mais instantâneas[25].

Portanto, vê-se que o direito contratual relacional não surgiu a partir do nada nos últimos 50 ou 60 anos. A intervenção estatal, a partir de 1933, expandiu o caráter relacional para outros tipos contratuais antes dominados por relações instantâneas[26].

Em termos acadêmicos, o direito contratual relacional, tampouco, trata-se de novidade. Para aprofundarmo-nos no assunto, podemos, didática e taxonomicamente, dividir as relações contratuais em cinco categorias como ferramenta útil para o conhecimento dos contratos relacionais: (i) promessa;

---

23 MACNEIL, Ian R. Relational contract: what we do and do not know, cit., p. 491.

24 MACNEIL, Ian R. Relational contract: what we do and do not know, cit., p. 491.

25 MACNEIL, Ian R. Relational contract: what we do and do not know, cit., p. 492-493. Ver também: MACNEIL, Ian R. Bureaucracy, America, the legal profession, and community. *Northwestern University Law Review* (forthcoming), n. 79, 1985.

26 MACNEIL, Ian R. Relational contract: what we do and do not know, cit., p. 493.

(ii) estudos empíricos; (iii) histórica; (iv) princípios críticos; (v) princípios relacionais não radicais[27].

Sob uma análise econômica dos contratos, podem-se distinguir dois caminhos, sendo que, em um deles, destaca-se trabalho de Coase sobre a barganha, em que se construíram modelos de comportamentos sob condições de baixos custos de transação para examinar-se a influência de diferentes normas em ambientes nos quais as partes podem alocar todos os riscos relevantes no momento da contratação[28].

No outro caminho, trata-se das teorias dos custos de transação, que, basicamente, concentraram-se em desenvolver métodos de reduzir os custos de transação nas relações contratuais complexas. Tais teorias partem do pressuposto de que incerteza e complexidade obstacularizam as partes a que possam alocar todos os riscos relevantes no momento da contratação[29].

A análise contratual sob o prisma das teorias dos custos de transação serve muito à própria análise dos contratos relacionais, segundo Ian R. Macneil, que cita o autor Oliver Williamson, entre outros, como um dos grandes responsáveis por empregar o intercâmbio das ideias microeconômicas dos custos de transação com aquelas da teoria dos contratos relacionais[30].

A escola que estuda os contratos enxergando o elemento promissório como centro das atenções não deixa de reconhecer os elementos não promissórios como presentes e importantes, mas relega-os à acessoriedade. Apesar disso, vem reconhecendo gradativamente os elementos relacionais dos contratos[31].

Prova disso foram publicações, como a de Lon Fuller: *The Reliance Interest in Contract Damages*[32]. Esse desenvolvimento nunca cessou desde a década de 1920. Em período posterior à Segunda Guerra Mundial, tratou-se dos aspectos relacionais do artigo 2º do UCC (Código Comercial Uniforme).

---

27 MACNEIL, Ian R. Relational contract: what we do and do not know, cit., p. 495.

28 GOETZ, Charles J.; SCOTT, Robert E. The mitigation principle: toward a general theory of contractual obligation. *Law Review*, Virginia, v. 69, n. 6, p. 967-1024, 1983. p. 967-968.

29 GOETZ, Charles J.; SCOTT, Robert E. The mitigation principle: toward a general theory of contractual obligation, cit., p. 969.

30 MACNEIL, Ian R. Relational contract: what we do and do not know, cit., p. 496.

31 MACNEIL, Ian R. Relational contract: what we do and do not know, cit., p. 497.

32 FULLER, L. L.; PERDUE Jr., William R. The reliance interest in contract damages. *Yale Law Journal*, n. 46, p. 52-96, 1936.

E, em 1961, o autor Harold Havighurst trouxe o artigo *The Nature of Private Contract*[33], com muito conteúdo qualitativo acerca dos aspectos relacionais dos contratos centrados no elemento promissório, assim como ocorreu com Charles Fried, em *Contract and Promise*[34], e Joel Levin e Banks McDowell, em *The Balance Theory of Contracts: Seeking Justice in Voluntary Obligations*[35].

Posto que tal desenvolvimento acadêmico tenha sua importância para o fomento do estudo e até criação de uma teoria contratual relacional, Ian R. Macneil ressalta que se apresentam limitações para a explicação e análise dos contratos relacionais propriamente ditos, já que se parte de premissas essencialmente forjadas a partir de um sistema baseado no elemento promissório do contrato, o qual nunca serviria irrestritamente a tratar da ótica relacional, por assim dizer, que abrange relações mais complexas[36].

Tanto mais importantes serão tais estudos quanto mais específicos, inclusive, sempre que possivelmente contiverem tratamento empírico. Macneil sugere, também, que, além do trabalho doutrinário acerca dos contratos relacionais dos contratos de sociedade e de trabalho, podem destacar-se aqueles tangentes à boa-fé[37], centro de interesses da presente dissertação.

Acerca dos estudiosos empíricos relativamente aos contratos relacionais, destaca-se Stewart Macaulay, que, em 1963, publicou artigo sobre o comportamento dos produtores considerando vários aspectos dos contratos, notadamente, a execução forçada[38]. Esse estudo permitiu o início do desenvolvimento de uma visão mais geral sobre princípios relacionais, apesar de ter se dedicado a um setor específico da produção.

No caso, o conhecimento específico dos atores contratantes em tal mercado preenchia lacunas contratuais, assim como planejamento em comum, oriundo desse conhecimento comungado entre as partes, bem como técnicas de sobrevivência e alocação ou dispersão de riscos e estabelecimento de sanções não

---

33 HAVIGHURST, Harold C. *The nature of private contract.* Evanston, III, Northwestern University Press, 1961.

34 FRIED, Charles. *Contract as promise:* a theory of contractual obligations. Harvard University Press, 1981.

35 LEVIN, Joel; MACDOWELL, Banks. The balance theory of contracts: seeking justice in voluntary obligations. *McGill Law Journal,* v. 29, p. 24-87, 1983.

36 MACNEIL, Ian R. Relational contract: what we do and do not know, cit., p. 499.

37 MACNEIL, Ian R. Relational contract: what we do and do not know, cit., p. 508.

38 MACAULAY, Stewart. *The use and non-use of contracts in the manufacturing industry,* 9 Prac. Law., Nov. 1963.

jurídicas para faltas de lado a lado, além do desejo de manter sucesso e atingir objetivos nos negócios, são fatores que levaram os produtores à frente, sem atentarem muito a sanções legais advindas dos contratos escritos[39].

Afora os supramencionados trabalhos acadêmicos de natureza eminentemente jurídica sobre os contratos relacionais, houve trabalhos de levantamento histórico afetos ao mesmo tema, como o de Hurst[40], em 1956, Friedman[41], em 1965 e Morton Horwitz[42], em 1977. Este autor coloca sobre a mesa sua crença de que o século XVIII foi dominado por uma concepção equitativa de contrato, tratando do auge e declínio dos contratos relacionais.

Paralelamente, na Inglaterra, o autor Patrick Atiyah desenvolveu estudos semelhantes concentrando-se no direito de restituição e confiança, publicando *The Rise and Fall of Freedom of Contract*[43].

Mais recentemente, o direito de família tem ganhado um enfoque relacional, notadamente, quanto a seus aspectos contratuais. Podemos fazer referência aos estudos e trabalhos publicados da autora Mary Ann Glendon[44] que verificam aspectos de direito de família e do trabalho como contratos relacionais.

Também podemos mencionar os trabalhos da autora Margaret Radin[45] que se concentram no estudo da propriedade e direito da personalidade, ou seja, não focam nas relações de trocas diretamente, mas não deixam de ser importantes ao estudo dos contratos relacionais.

Além de todo esse histórico acerca dos estudos sobre contratos relacionais ao longo do tempo, já se destacou que trabalhos empíricos possam contribuir sobremaneira ao conhecimento ligado aos contratos relacionais como um todo. Exemplo disso são as empreitadas de Julius Getman, Stephen Goldberg

---

39 MACNEIL, Ian R. Relational contract: what we do and do not know, cit., p. 509.

40 HURST, James Willard. *Law and the conditions of freedom in the nineteenth-century United States*. The University of Wisconsin Press, 1956.

41 FRIEDMAN, Lawrence M. *Contract law in America:* a social and economic case study. Louisiana: Quid Pro Books, 1965.

42 HORWITZ, Morton J. *The transformation of American law 1780-1860*. Oxford University Press, 1977.

43 ATIYAH, Patrick. *The rise and fall of freedom of contract*. Oxford University Press, 1979.

44 GLENDON, Mary Ann. The new family and the new property. *Boston College International and Comparative Law Review*, v. 6, 1983.

45 RADIN, Margaret. Property and personhood. *Stanford Law Review*, n. 957, v. 34, 1982.

e Jeanne Herman[46] sobre as relações de trabalho, além de Gilson e Mookin[47] sobre a economia das firmas advocatícias.

Temos a visão de Steven Burton[48] sobre aspectos contratuais centrados no elemento promissório, segundo a qual as cortes não usam a doutrina da boa-fé objetiva para conduzir os acordos entre as partes contratuais, mas para efetivar as intenções das partes ou para proteger suas legítimas e justas expectativas, por meio da interpretação e integração contratual.

Robert Summers[49], por seu turno, em natureza muito mais relacional, que diz sobre uma moralidade contratual, assim como Barry Reiter[50], incorpora a ideia de boa-fé objetiva diretamente à teoria contratual relacional.

Os dois parágrafos imediatamente anteriores contêm o tema central da presente dissertação, que será esmiuçado a partir dos capítulos subsequentes. Antes, porém, reconhecendo que há algumas novas figuras contratuais que circundam, passam por confusões com os contratos relacionais e a eles se entrelaçam, trataremos de, a partir do estudo delas, abordá-los.

1.2 Contratos relacionais *versus* contratos-quadro

Antes de adentrarmos à conceituação propriamente dita dos contratos relacionais, cumpre resgatar e aprofundar distinção já referida entre estes e os chamados contratos-quadro.

Apesar de ambos manterem estreita relação, não chegam a se confundir. Os chamados contratos-quadro têm como finalidade propiciar maior segurança às partes quando do eventual desenvolvimento de relações futuras, frente ao risco trazido pela ausência de vínculo contratual. Constrói-se uma "moldura" dentro da qual se desenvolverão supostas relações futuras entre as partes

46 GETMAN, Julius G.; GOLDBERG, Stephen B.; HERMAN, Jeanne M. *Union representation elections:* law and reality. New York: Russell Sage Foundation Press , 1976.

47 GILSON & MOOKIN. Sharing among the human capitalism: an economic inquiry into the corporate law firm and how patterns split profits. *Stanford Law Review,* n. 313, v. 37, 1985.

48 BURTON, Steven. More on good faith performance of a contract: a reply to professor summers. *Iowa Law Review,* n. 497, v. 69, 1984.

49 SUMMERS, Robert. The general duty of good faith – its recognition and conceptualization. *Cornell Law Review,* n. 810, v. 67, 1982.

50 REITER, B. J. Good Faith in contracts. *Valparaiso University Review,* n. 705, v. 17, n. 4, 1883.

contratantes, por meio de outros acordos que a preencherão, os chamados "contratos de aplicação"[51].

O contrato-quadro seria a avença por intermédio da qual se estabelecem as bases, os fundamentos do relacionamento entre as partes, de conteúdo genuinamente impreciso que gerará diversas contratações posteriores[52]. Ou seja, o contrato-quadro seria preparatório para os "contratos de execução" ou "contratos de aplicação" (*contrats d'application)*[53], de sorte que sua efetivação depende da execução característica destes, ganhando vida de acordo com a definição sobre todos os elementos essenciais do negócio[54].

Importante ressalvarmos, contudo, a observação de Guido Fernando Silva Soares, dando conta de que a expressão "quadro" não seria a mais correta para adjetivar a figura contratual de que estamos a tratar, visto que se originou em erro de tradução da expressão francesa *cadre*, que significa moldura e não quadro. Logo, apesar da consagração que a denominação "contratos-quadro" ganhou entre nós, correto seria utilizar a denominação "contratos-moldura", representando aquilo que circunscreve o conteúdo a ser preenchido[55].

Cristiano de Sousa Zanetti traz o exemplo ilustrativo de um contrato-quadro que seja celebrado entre partes que almejem firmar vários contratos de compra e venda de grãos, já estabelecendo a forma e a praça para pagamento, sem estipulação de preço ou qualquer outra obrigação entre as partes. Vejamos que a sua finalidade é já estarem definidos forma e local de pagamento, sem necessidade de se voltar à discussão de tais cláusulas[56].

Com efeito, o contrato-quadro também não se confunde com o contrato preliminar do art. 462 do Código Civil Brasileiro. Enquanto este apresenta todos os requisitos essenciais do contrato definitivo, aquele se notabiliza, exatamente, por não os apresentar, destinando-se a fixar o consenso já existente

---

51 GATSI, Jean. *Le contrat-cadre.* Paris: LGDJ, 1996. p. 3.

52 SAYAG, Alain. *Le contrat-cadre, 2, la distribution.* Paris: Litec, 1995. p. 411.

53 GATSI, Jean. *Le contrat-cadre*, p. 296.

54 Paula Andrea Forgioni estuda a possibilidade de caracterizar os contratos de distribuição como contratos-quadro ou contratos-moldura. E lembra que, conforme o entendimento do STF sobre o alcance do art. 693 do CPC e considerando que o juiz não pode negociar pela parte, o contrato-quadro apenas terá execução específica quando encerrar o acordo sobre todos os elementos essenciais do negócio (FORGIONI, Paula A. *Contrato de distribuição.* 2. ed. São Paulo: RT, 2008. p. 79-82).

55 SOARES, Guido Fernando Silva. Órgãos dos estados nas relações internacionais: formas da diplomacia e as imunidades. Rio de Janeiro: Forense, 2001. p. 134.

56 ZANETTI, Cristiano de Sousa. *Responsabilidade pela ruptura das negociações.* São Paulo: Juarez de Oliveira, 2005. p. 22.

acerca de determinadas cláusulas. Por isso mesmo não comporta o contrato-quadro execução específica[57].

Assim, malgrado os contratos-quadro também abrigarem o elemento da confiança com papel protagonístico, por todas as características que ostenta, notadamente, pela vontade das partes de concluir futuros contratos de execução submetidos a um regime predeterminado, "estandardizado", representado pela figura da *affectio modulus*[58], não se confundem com os contratos relacionais, os quais não detêm a mesma natureza incompleta encontrada nos primeiros, muito menos são preparatórios a "contratos de execução" futuros.

1.3 Contratos relacionais *versus* contratos coligados

Os contratos coligados também são fruto da formação complexa da sociedade atual, que se reflete na modificação da estrutura contratual contemporânea, sendo certo que os negócios jurídicos não mais se restringem aos tipos legais, à execução descontínua, mas são de longa duração, verticalmente mais complexos[59] e, conforme Carlos Nelson Konder, muitas vezes, apenas fazem sentido se analisados em conjuntos de contratos "vinculados entre si no qual o negócio objeto de exame encontra-se inserido"[60].

Exemplificativamente, temos a situação de um indivíduo que tome empréstimo em uma instituição financeira com a finalidade de adquirir um imóvel e tenha a necessidade de opor a esse mesmo banco eventual invalidade do correlato contrato de compra e venda. O Direito Contratual Clássico e mesmo o Neoclássico não seriam suficientes para lidar com essa situação adequadamente, de modo que o comprador ficaria eternamente vinculado ao contrato de mútuo inicial.

Em virtude disso, exsurge a demanda pelo alargamento da visão do contexto negocial, em que se observe a finalidade central a que visa o grupo contratual

---

57 ZANETTI, Cristiano de Sousa. *Responsabilidade pela ruptura das negociações*, cit., p. 21.

58 AZEVEDO, Antonio Junqueira de. Natureza jurídica dos contratos celebrados entre as partes. Noção de contrato-quadro. Características *in casu* dos contratos-quadro: sinalagmáticos, atípicos e complexos. In: AZEVEDO, Antonio Junqueira de. *Novos estudos e pareceres de direito privado*, cit., p. 167.

59 NANNI, Giovanni Ettore. Contratos coligados. In: LOTUFO, Renan; NANNI, Giovanni Ettore (Coord.). *Teoria geral dos contratos*. São Paulo: Atlas, 2011. p. 224-225.

60 KONDER, Carlos Nelson. *Contratos conexos:* grupos de contratos, reder contratuais e contratos coligados. Rio de Janeiro: Renovar, 2006. p. 2.

genericamente considerado[61]. A fim de conformar essa problemática, nasce a teoria da coligação contratual[62] ou dos contratos coligados[63] ou contratos conexos[64], que não deixa de se conectar ao tema dos contratos relacionais[65].

Historicamente, a primeira doutrina a discutir a coligação contratual foi a italiana da década de 1930, tratando do *collegamento negoziale*, que, desde cedo, preocupou-se em sistematizar as diferentes espécies de coligação, diferenciando grupos de contratos interligados por um nexo comum de negócio único com várias prestações, assim como os efeitos da contaminação de um negócio no outro coligado, como invalidade ou ineficácia. Por seu turno, a doutrina francesa focou o estudo dos efeitos da coligação contratual (*ensembles contractuels*) quando os contratos pertencentes ao grupo envolvem partes absolutamente distintas[66].

A doutrina brasileira também não tardou a tratar do assunto, como o fizeram, exemplificativamente, Pontes de Miranda[67] e Antonio Junqueira de Azevedo[68] e, mais recentemente, Carlos Nelson Konder[69] e Francisco Paulo de Crescenzo Marino[70].

---

61 KONDER, Carlos Nelson. *Contratos conexos:* grupos de contratos, reder contratuais e contratos coligados, cit., p. 8.

62 KATAOKA, Eduardo Takemi. A *coligação contratual.* Rio de Janeiro: Lumen Juris, 2008.

63 MARINO, Francisco Paulo de Crescenzo. *Contratos coligados no direito brasileiro.* São Paulo: Saraiva, 2009. v. 1.

64 KONDER, Carlos Nelson. *Contratos conexos:* grupos de contratos, reder contratuais e contratos coligados, cit.

65 NANNI, Giovanni Ettore. Contratos coligados. In: LOTUFO, Renan; NANNI, Giovanni Ettore (Coord.). *Teoria geral dos contratos*, cit., p. 225.

66 KONDER, Carlos Nelson. *Contratos conexos:* grupos de contratos, reder contratuais e contratos coligados, cit., p. 102-103 e 114.

67 Ao distinguir unidade de pluralidade negocial (PONTES DE MIRANDA, Francisco Cavalcanti. *Tratado de direito privado.* Rio de Janeiro: Borsói, 1954. t. II, p. 181).

68 Destacando a importância do fim dos negócios jurídicos para a interpretação dos negócios coligados (AZEVEDO, Antonio Junqueira de. *Noções gerais e formação da declaração negocial.* Tese para o concurso de professor titular de Direito Civil da Faculdade de Direito da Universidade de São Paulo, São Paulo, 1986, p .225).

69 Reunindo as doutrinas italiana e francesa para formular o que chamou de contratos conexos, em que se inseririam os contratos coligados propriamente ditos e os grupos de contratos (KONDER, Carlos Nelson. *Contratos conexos:* grupos de contratos, reder contratuais e contratos coligados, cit.).

70 Procurando uma definição específica para os contratos coligados que não seja uma síntese dos pensamentos italiano e francês (MARINO, Francisco Paulo de Crescenzo. *Contratos coligados no direito brasileiro*, cit.).

Segundo Francisco Paulo de Crescenzo Marino, os contratos coligados podem ser conceituados como "contratos que, por força de disposição legal, da natureza acessória de um deles ou do conteúdo contratual (expresso ou implícito), encontram-se em relação de dependência unilateral ou recíproca"[71].

A partir dessa definição, já podemos concluir que os contratos coligados não se confundem com os contratos mistos, uma vez que os segundos se referem a apenas um contrato que reúna elementos de pelo menos dois outros contratos típicos, ou seja, trata-se de apenas um negócio jurídico. Enquanto os primeiros são dois ou mais contratos ligados entre si, sem perder a autonomia e individualidade, de modo a cumularem-se sem fundirem-se[72].

Há divergência quanto ao fato de contratos e subcontratos formarem uma coligação contratual. Pela tese favorável, sustenta-se que formam uma coligação unilateral, funcional e necessária, sendo certo que existe dependência natural do subcontrato em relação ao contrato base que legitime a coligação, independentemente da voluntariedade dos atores[73]. Seria, portanto, uma relação de gênero e espécie: subcontrato como modo específico da coligação contratual genérica[74].

Por outra banda, defende-se que não haja coligação entre contrato e subcontrato, principalmente pela necessária e característica dependência, que, ensejando total falta de autonomia, retira-se essa ocorrência do grupo dos contratos conexos ou coligados. Jorge Mosset Iturraspe filia-se a essa corrente, asseverando que existe a figura de um contratante intermediário, o qual faz parte das duas relações e utiliza sua posição para servir-se de um terceiro a cumprir o conteúdo da obrigação originária[75].

É bem verdade que os contratos coligados requerem a existência da pluralidade contratual, o que não significa, por seu turno, que haja confusão

---

71 MARINO, Francisco Paulo de Crescenzo. *Contratos coligados no direito brasileiro*, cit., p. 99.

72 NANNI, Giovanni Ettore. Contratos coligados. In: LOTUFO, Renan; NANNI, Giovanni Ettore (Coord.). *Teoria geral dos contratos*, cit., p. 228.

73 MARTINEZ, Pedro Romano. *O subcontrato*. Coimbra: Almedina, 1989. p. 185.

74 MESSINEO, Francesco. Contratto collegato. *Enciclopedia del Diritto*. Milano: Giuffrè, 1962. v. 10, p. 54.

75 ITURRASPE, Jorge Mosset. *Contratos conexos:* grupos y redes de contratos. Buenos Aires: Rubinzal-Culzoni, 1999. p. 49.

entre aqueles e os contratos plurilaterais[76]. Estes são contratos individuais nos quais as partes não se encontram em posições antagônicas ou contrapostas[77], mas convergem para um ponto comum[78], havendo comunhão de finalidades[79]. Aqueles são conjunto de contratos bilaterais, eivados de contraposição, ensejando disciplina própria ao coletivo contratual.

O vínculo da coligação contratual pode se dar por meio de disposição legal (coligação *ex lege*) ou contratual (coligação voluntária), expressa ou implícita. Ou, ainda, pela acessoriedade de um dos contratos (coligação natural), para aqueles que sustentam a coligação do subcontrato, por exemplo[80].

A espécie de maior relevo para nossos estudos é a coligação voluntária, na qual, além dos elementos pluralidade contratual e nexo que os liga, existe o elemento subjetivo, que é a intensão de coordenar os negócios jurídicos individuais, permeados por um nexo econômico ou funcional, com um objetivo ou escopo comum[81].

A coligação contratual pode dar-se de variadas sortes e ser dotada de diferentes intensidades. A situação que abarca a coligação de maneira mais completa delineia-se com as chamadas "operações econômicas pluricontratuais nas quais há um contrato-mãe, cuja finalidade é determinar as regras gerais e traçar a moldura da operação", o que pode se dar por um contrato-quadro[82], já estudado no subcapítulo 1.2, supra. Contudo, fique claro que a coligação não depende da existência de um contrato específico que trate da conexão em si considerada.

Quanto aos efeitos, o tema merece muito relevo, eis que, reconhecida a coligação, a eficácia de um contrato atinge o outro coligado, o que não ocorreria não fosse pela coligação, tal qual ocorre na aplicação do princípio da função

---

[76] MARINO, Francisco Paulo de Crescenzo. *Contratos coligados no direito brasileiro*, cit., p. 108.

[77] RAPPAZZO, Antonio. *I contratti collegati*. Milano: Giuffrè, 1998. p. 98.

[78] PONTES DE MIRANDA, Francisco Cavalcanti. *Tratado de direito privado*, cit., t. III, p. 8.

[79] ASCARELLI, Tullio. O contrato plurilateral. In: ASCARELLI, Tullio. *Problemas das sociedades anônimas e direito comparado*. Campinas: Bookseller, 2001. p. 394.

[80] MARINO, Francisco Paulo de Crescenzo. *Contratos coligados no direito brasileiro*, cit., p. 102-105.

[81] GIORGIANNI, Michele. Negozi giuridici collegati. Separata da *Rivista Italiana per le Sciènze Giuridiche*, Roma: Soc. Ed. del Foro Italiano, 1937, p. 58.

[82] MARINO, Francisco Paulo de Crescenzo. *Contratos coligados no direito brasileiro*, cit., p. 107-108.

social do contrato, mitigando-se a relatividade dos efeitos contratuais para as partes[83].

Isso posto, interessante averiguar a intensidade e expansão com que os efeitos internos de um pacto atingem o outro negócio e, por conseguinte, as outras partes, as quais variarão de acordo com o caso concreto. Francisco Paulo de Crescenzo Marino fala em "fatores de intensidade". Assim, coligações que tenham as mesmas partes contratantes tendem a produzir maiores efeitos. Do mesmo modo, a coexistência dos contratos coligados na formação e na execução[84].

A questão da interpretação conjunta dos contratos coligados é outra questão fulcral do assunto. Por mais limitada que seja, há sempre uma relação de dependência[85], principalmente porque há uma finalidade supracontratual[86]. Desse modo, nos contratos coligados, não se pode cogitar apenas da comum intenção das partes, devendo o intérprete ater-se, também, à operação econômica em jogo e às circunstâncias gerais do caso concreto, o que implica a verificação de todos os contratos coligados em conjunto[87].

Por essa razão, a interpretação dos contratos coligados está muito ligada ao princípio da boa-fé objetiva, na medida em que as legítimas expectativas das partes serão aferidas de acordo com o razoável significado da operação econômica visada que justificou a coligação[88].

Ou seja, os deveres laterais de conduta, especialmente, sob o viés da cooperação, devem ser aplicados de modo muito intenso aos contratos coligados, o que se estenderia e, ainda, ampliar-se-ia às redes contratuais, as quais, segundo parte da doutrina, seriam espécie de coligação contratual. É do que passamos a tratar.

---

83 GODOY, Claudio Luiz Bueno de. *Função social do contrato:* os novos princípios contratuais. São Paulo: Saraiva, 2004. p. 133.

84 MARINO, Francisco Paulo de Crescenzo. *Contratos coligados no direito brasileiro,* cit., p. 142-144.

85 MARINO, Francisco Paulo de Crescenzo. *Contratos coligados no direito brasileiro,* cit., p. 145.

86 LORENZETTI, Ricardo Luis. *Tratado de los contratos.* Buenos Aires: Ribinzal-Culzoni, 2003. v. 1, p. 63.

87 NANNI, Giovanni Ettore. Contratos coligados. In: LOTUFO, Renan; NANNI, Giovanni Ettore (Coord.). *Teoria geral dos contratos,* cit., p. 268.

88 NANNI, Giovanni Ettore. Contratos coligados. In: LOTUFO, Renan; NANNI, Giovanni Ettore (Coord.). *Teoria geral dos contratos,* cit., p. 269-270.

1.3.1 Redes contratuais

Ab initio, cumpre preceder ao estudo mais aprofundado das redes contratuais a sustentação de que tal instituto não representa uma espécie dos contratos coligados, na mesma esteira teórica de Francisco Paulo de Crescenzo Marino, segundo o qual as redes dispõem sobre contratação em massa, enquanto os contratos coligados não necessariamente se encontram dentro da realidade empresarial massificada. Além disso, as redes contratuais são estruturadas por uma parte principal à qual se ligam outros contratantes, podendo ser inúmeros e "fungíveis" ao olhar do principal, o que não se encontra na coligação contratual. Mais ainda e decorrência disso, a ineficácia ou invalidade de um contrato tem repercussões, mas não afeta a rede, especialmente sob o ponto de vista do principal contratante organizador. Ao contrário do que ocorre nos contratos coligados, que têm como efeito o fato de a invalidade ou ineficácia de um contrato poder repercutir no outro[89].

O próprio termo "redes" já traduz a complexidade das relações inseridas nesse *habitat* (denotando sua maior amplitude em relação à coligação), cuja nota de distinção equivale à sistematicidade, em que todos os participantes devem atuar de forma harmônica e coordenada, em que pese os contratos sejam autônomos. Como exemplo típico de rede contratual, temos a franquia, sempre referida por Ricardo Luis Lorenzetti[90].

O autor define as redes contratuais da seguinte maneira, *in verbis*:

> [...] nos contratos em colaboração em rede há uma pluralidade de vínculos típicos e atípicos, conexos entre si. O "cimento" é a colaboração que pode ser baixar os custos, ou aumentar a eficiência, ou as vendas. O essencial neles é que se consegue um efeito de conjunto superior à soma das individualidades. O que mantém unidos estes grupos é o interesse na colaboração. Igualmente, para que se mantenham unidos, é necessário que existam obrigações de colaborar à manutenção e a noção de causa sistemática.

Nesse sentido, as redes contratuais diferenciam-se das cadeias, que são eminentemente verticais, contendo um agente originário, um intermediário e um destinatário final, sendo certo que os atos são subsequentes, cujo foco

---

89 MARINO, Francisco Paulo de Crescenzo. *Contratos coligados no direito brasileiro*, cit., p. 96-97.

90 KONDER, Carlos Nelson. *Contratos conexos:* grupos de contratos, reder contratuais e contratos coligados, cit., p. 128.

é a circulação do produto. Nas redes, importa a coordenação dos atos concomitantes, por meio de contratos idênticos e individuais ("contrato-marco"), os quais proporcionarão maior benefício econômico aos contratantes por meio da coordenação sistêmica[91].

Aqui, reconhece-se a "causa sistemática" aludida por Lorenzetti em sua formulação. Não um objetivo eleito coletivamente, mas o compartilhamento de ônus e bônus desse tipo de estrutura, ou seja, dos benefícios econômicos, dos custos e riscos. Logo, a mesma causa "sistemática" viabiliza a exigência de um comportamento mantenedor do equilíbrio da rede, de modo que a própria noção de justiça sofre flexibilizações. Um componente da rede estaria impedido de obter uma vantagem particular que prejudicasse ou arriscasse o equilíbrio da rede[92]. Existe um interesse sistemático a ser protegido objetivamente[93].

A "causa sistemática" implica outras consequências, as quais podem ser internas ou externas à rede. No primeiro caso, os deveres anexos de conduta oriundos da boa-fé objetiva estendem-se ao sistema, à rede, extrapolando os limites dos contratos individuais, assim, o dever de colaboração, por exemplo, é relativo ao sistema e não apenas ao contrato bilateral. Deve-se buscar a manutenção e êxito da rede, sobretudo.

Externamente, os efeitos são mais relativos aos destinatários daquilo que a rede produz como escopo principal, de modo que poderiam buscar ressarcimento de danos provocados por condutas lesivas de um integrante da rede em face de outro integrante que não tenha cometido nenhum ato perante a vítima[94].

Como se vê, assim como ocorre com os contratos relacionais, as redes contratuais inserem-se em um contexto da "realidade pós-moderna"[95], muito relacionando-se com os primeiros, na medida em que fogem do esquema dos pactos descontínuos, aproximando-se da concepção de contratos que visam a objetivos planificados, desapegados do excessivo acompanhamento

---

91 KONDER, Carlos Nelson. *Contratos conexos:* grupos de contratos, reder contratuais e contratos coligados, cit., p. 128-129.

92 LORENZETTI, Ricardo Luis. *Tratado de los contratos.* Buenos Aires: Runbizal-Culzoni, 1999. t. 1, p. 44.

93 KONDER, Carlos Nelson. *Contratos conexos:* grupos de contratos, reder contratuais e contratos coligados, cit., p. 134.

94 LORENZETTI, Ricardo Luis. *Tratado de los contratos*, 1999, t. 1, p. 89.

95 MARQUES, Cláudia Lima. *Contratos de defesa do consumidor.* 4. ed. São Paulo: RT, 2002. p. 969.

das manifestações de vontade, mas presos ao conteúdo dos comportamentos recíprocos[96].

Em ambos os institutos, as partes extrapolam seus interesses particulares e egoísticos agindo cooperativamente, visando à obtenção de ganhos maiores no médio e longo prazos, por isso o elemento tempo é não só aceito, como desejado[97].

Como consequência, frente a qualquer inadimplemento, tanto nas redes contratuais como nos contratos relacionais, a ideia precípua é utilizar a negociação e demais mecanismos extrajudiciais de solução de controvérsias e litígios, na busca por soluções de maior custo-benefício[98].

Rodrigo Xavier Leonardo exemplifica a interligação entre as redes contratuais e os contratos relacionais, *in verbis*:

> Olhando-se para um contrato de colaboração empresarial entre dois fornecedores, pode-se vislumbrar um contrato relacional. Um conjunto de contratos de colaboração empresarial voltados, por exemplo, para o fornecimento de um produto ou de um serviço forma uma rede de contratos. Dito isso, parece perfeitamente possível, assim, imaginar uma rede de contratos relacionais[99].

E, assim como nos contratos relacionais, a longevidade estável da rede é atingida por meio do reconhecimento e implementação de deveres laterais de conduta a serem desenvolvidos por todos os agentes que compõem o sistema da rede. Assim, além das obrigações explicitamente assumidas nos contratos bilaterais, se os agentes almejam auferir vantagens que a formação em rede pode proporcionar-lhes, haverão que se atentar a deveres anexos que nascem a partir da realidade sistemática[100].

Todos esses deveres laterais ou anexos de conduta são oriundos do princípio da boa-fé objetiva e, comparativamente ao que ocorre com os contratos

---

[96] LEONARDO, Rodrigo Xavier. *Redes contratuais no mercado habitacional*. São Paulo: RT, 2003. p. 134.

[97] CAMPBELL, David; HARRIS, Donald. Flexibility in long-term contractual relationships: the role of co-operation. *Journal of Law and Society*, v. 20, n. 2, 1993, p. 167.

[98] CAMPBELL, David; HARRIS, Donald. Flexibility in long-term contractual relationships, cit., p. 172.

[99] LEONARDO, Rodrigo Xavier. *Redes contratuais no mercado habitacional*, cit., p. 136-137.

[100] LEONARDO, Rodrigo Xavier. *Redes contratuais no mercado habitacional*, cit., p. 149-150.

relacionais, têm intensidade muito mais forte nas redes contratuais do que em outros sistemas menos sofisticados ou não relacionais.

Rodrigo Xavier Leonardo cita três deveres laterais característicos das redes contratuais, *in verbis*: "a) dever lateral de contribuição para manutenção do sistema; b) dever lateral de observação da reciprocidade sistemática das obrigações; c) dever lateral de proteção das relações contratuais internas ao sistema".

Igualmente à ocorrência dos contratos relacionais, as redes contratuais são fruto das necessidades econômicas, mercadológicas e sociais, as quais fomentaram a criação e o desenvolvimento de complexos sistemas de produção e circulação de riquezas, atualmente, em âmbito global. Cenário em que corporações, por seu turno, buscam meios de diminuir ou realocar os riscos de seus negócios transferindo-os a terceiros[101].

Consequentemente, as expectativas a serem tuteladas não são apenas das partes contratantes, mas também aquelas de todos os agentes que estão na rede ou para os quais a rede irradie efeitos, como os destinatários finais, genericamente, considerados hipossuficientes em relação à formação empresarial de grande magnitude.

Por isso, Rodrigo Xavier Leonardo sustenta uma "paraeficácia entre os contratos em rede", que seria:

> [...] um dever geral de proteção em favor do sistema explicitado nos diversos deveres laterais provenientes dos objetivos de ordem sistemática acima destacados, sem prejuízo de um dever de proteção dos destinatários finais dos produtos e serviços ofertados mediante uma rede de contratos[102].

Desse modo, notamos, novamente, grande similitude com as características dos contratos relacionais, em que fazem parte do objeto das relações não apenas as trocas ou prestação e contraprestação das partes, mas os deveres laterais advindos da boa-fé objetiva – que é, inclusive, o tema fulcral deste trabalho dissertativo e será mais profundamente tratado em tópicos correlatos –, de sorte que pode surgir dever de indenizar pela violação desse princípio e de seus instrumentos específicos, não apenas pela eventual frustração de alguma prestação obrigacional[103].

---

[101] ITURRASPE, Jorge Mosset. *Contratos conexos*, cit., p. 27.

[102] LEONARDO, Rodrigo Xavier. *Redes contratuais no mercado habitacional*, cit., p. 154.

[103] MENEZES CORDEIRO, António Manuel da Rocha e. *Da boa-fé no direito civil*. Coimbra: Almedina, 1997. p. 625.

Portanto, apesar de os contratos coligados e as redes contratuais não se confundirem com os contratos relacionais, comunicam-se na medida em que guardam aspectos comuns, devido ao fato de ambos pertencerem à "realidade pós-moderna", tanto que é verificável que as redes, correntemente, são formadas pela conjunção de contratos relacionais bilaterais.

1.4 Contratos relacionais *versus* contratos descontínuos

A existência ou não de elementos promissórios e não promissórios, total ou parcialmente nos contratos, é muito importante para a distinção dos contratos descontínuos dos relacionais.

Apesar de já relativamente bem difundidos entre os estudiosos das teorias contratuais, os exemplos trazidos por Ian R. Macneil ainda são considerados muito ilustrativos para diferenciar os contratos descontínuos dos relacionais.

Os primeiros podem ser exemplificados pelo simples abastecimento de um veículo em uma rodovia. Vejamos que a compra de combustível é instantânea, completa, rápida e impessoal. Já os contratos relacionais podem ser exemplificados pelo casamento, que é precedido pelo namoro e/ou noivado, muita troca de informação, conhecimento, comunicação, estabelecimento, mesmo que implícito, de objetivos comuns a curto, médio e longo prazo, obtenção de confiança, elementos nem sempre conversíveis economicamente.

A doutrina brasileira enxerga de forma negativa o enquadramento do casamento nos contratos relacionais, diferentemente do que se assume para os contratos pré-nupciais, que teriam o escopo de dar um fim comum ao relacionamento, ensejando atividade cooperativa, contando com a eventual necessidade de adaptação às circunstâncias surgidas supervenientemente. De outra banda, o casamento não poderia ser reduzido a um mero contrato, não lhe sendo aplicável o regime geral dos contratos[104].

Ronaldo Porto Macedo Junior enumera sete elementos da transação contratual, os quais, em contraste, podem tornar mais clara a proposta dicotomia, contratos descontínuos *versus* contratos relacionais. Vamos ao estudo desses elementos.

---

[104] GRAMSTRUP, Erick Frederico. Contratos relacionais. In: LOTUFO, Renan; NANNI, Giovanni Ettore (Coord.). *Teoria geral dos contratos*. São Paulo: Atlas, 2011. p. 324.

Observamos que nos contratos descontínuos não há relações ditas primárias, as quais, por sua vez, estão presentes nos contratos relacionais de forma intensa. Isso significa afirmar que os contratos relacionais são continentes de interações profundas permeadas por não menos profundas profusões de intercomunicação[105].

Outra repercussão ou característica da presença das relações primárias em uma relação contratual diz respeito ao número de participantes. Em geral, nos contratos relacionais é comum o surgimento de redes contratuais, como ocorre nos contratos de franquia, exemplificativamente[106], em que pese o referido exemplo de contrato relacional, casamento, com todas as ressalvas que fizemos, conter apenas dois participantes, exclusivamente.

Ponto igualmente distintivo entre os contratos descontínuos e os relacionais são a medida e especificidade da transação. Isto é, o contrato descontínuo, mais especificamente, seu objeto, é facilmente traduzido nos termos econômicos que representa, monetariamente falando, por assim dizer. O mesmo não ocorre nos contratos relacionais, em que nem todas as prestações e contraprestações são conversíveis em valores economicamente compreensíveis.

Nem poderia ser diferente, haja vista que o objeto contratual em uma interação relacional não está todo definido de plano, podendo ser construído e reconstruído à medida em que seja executado, ressalvadas as diferenças aqui já explicitadas entre os contratos relacionais e os contratos-quadro[107].

Quanto à influência do fator tempo em um e em outro tipo de contrato, podemos observar que, em linhas gerais, os contratos descontínuos iniciam-se e terminam rapidamente. O consenso ocorre abruptamente, com poucas ou nenhuma tratativa. E o término advém pelo adimplemento ou pela resilição ou resolução do contrato. Interessante notar que em ambos os momentos, seja na obtenção do acordo, seja na extinção, o momento é definido e único[108].

Por seu turno, o tempo no contrato relacional costuma funcionar de forma diferente. Não apenas quanto à duração, mas também quanto aos marcos

---

[105] MACNEIL, Ian R. The many futures of contracts. *California Law Review*, v. 47, 1974, p. 723.

[106] LEONARDO, Rodrigo Xavier. *Redes contratuais no mercado habitacional*, cit., p. 134-137.

[107] MACNEIL, Ian R. The many futures of contracts, cit., p. 745.

[108] MACEDO JUNIOR, Ronaldo Porto. *Contratos relacionais e defesa do consumidor*, cit., p. 131-132.

inicial e final, que não são tão claramente definidos, caracterizando-se por implementarem-se de forma gradual, especialmente, o início[109].

Ainda acerca do tempo nos contratos relacionais, Ian R. Macneil observa que muitos contratos de adesão são, necessariamente, firmados muito precocemente, tais como os contratos de franquia, o que tornaria plausível denominá-los "relações de adesão"[110].

O planejamento, assim como as figuras supramencionadas, é outro elemento que divisa muito claramente os contratos descontínuos dos relacionais. Não que inexista nos contratos descontínuos. Ocorre que, nestes, centra-se no objeto, preço e prazo para adimplemento, no mais das vezes. Ao passo que, nos contratos relacionais, o planejamento não é certo e completo, sendo de caráter muito mais programático efetivamente[111].

Esse tipo de planejamento encontrado nos contratos relacionais traz à tona a questão da expectativa de cooperação futura, não apenas no que toca ao cumprimento do planejamento original, mas também para renovação de planejamento das ações das partes, na medida em que interagem ao longo do tempo.

Não apenas pensando em um contrato relacional já existente, mas também em novas possibilidades que o comportamento cooperativo integrado possa proporcionar, especialmente, tendo em vista as complexidades das estruturas e relações de trocas modernas, como as já referidas redes contratuais, por exemplo.

Interessante menção, ainda a respeito das diferenças tocantes ao planejamento, faz Ronaldo Porto Macedo Junior quando se refere aos contratos de adesão, que se dá, nos contratos relacionais, por meio de uma relação já em curso. Logo, a adesão aglutina-se com outras formas de relação já em andamento. Quer dizer: a adesão se faz perante um planejamento prévio e contínuo, que provavelmente se alterará, conforme já aludido. O oposto ocorre

---

109 Ronaldo Porto Macedo Junior destaca o caráter relacional atribuído às relações de consumo, nas quais se incluem todas as comunicações havidas entre consumidor e fornecedor como parte integrante da relação contratual (MACEDO JUNIOR, Ronaldo Porto. *Contratos relacionais e defesa do consumidor*, cit., p. 132).

110 MACNEIL, Ian R. The many futures of contracts, cit., p. 753.

111 MACEDO JUNIOR, Ronaldo Porto. *Contratos relacionais e defesa do consumidor*, cit., p. 132-133.

na adesão a um contrato descontínuo, em que se adere a um planejamento estanque e definido[112].

Com efeito, insta destacar que por mais que a adesão possa significar padronização e disso decorra que ela seja dotada de natureza descontínua e instantânea, não há uma destruição do caráter relacional de uma interação, *a priori*, deste tipo, como um contrato de franquia, por exemplo[113].

Outro ponto de distanciamento entre contratos relacionais e descontínuos é a forma da divisão e compartilhamento de ônus e benefícios, em que cabem considerações acerca da solidariedade, cooperação e fontes de apoio moral e econômico.

Nos contratos descontínuos, os ônus e benefícios são sinalagmaticamente trocados entre os contratantes, nunca compartilhados e divididos. Esse é não apenas um resultado do tipo de transação em comento, mas a função e objetivo dela[114]. Referindo-nos, novamente, ao supracitado exemplo da troca descontínua no posto de gasolina, o cliente abre mão do equivalente em dinheiro para receber combustível em seu veículo. Com isso, desapega-se de todos os ônus e bônus que a posse e propriedade dos valores pudessem proporcionar-lhe.

De acordo com a teoria clássica dos contratos, tratar-se-ia de interesses não só individuais, mas antagônicos. Na verdade, encontrava-se certa mitigação de tal posição na própria doutrina clássica, entendendo-se haver contratos nos quais os interesses pudessem não ser exatamente antagônicos. Contudo, não se considerava que os interesses pudessem ser, de fato, convergentes, conforme asseverava Orlando Gomes[115].

Cumpre ressaltar que, apesar de se constituir em paradigma ultrapassado, essa visão do contrato ainda tem muita força nos dias atuais. Adjetivá-lo com certa conflituosidade, o que é um traço marcante das origens romanas do instituto, é ordinário. O contrato seria um meio de resolução de controvérsias e defesa de interesses meramente individuais.

Nessa linha de raciocínio, faz-se necessária incursão ao universo dos contratos plurilaterais, cuja concepção diverge, mesmo em meio à doutrina clássica ou neoclássica, da natureza individualista e antagônica dos interesses das

---

112 MACEDO JUNIOR, Ronaldo Porto. *Contratos relacionais e defesa do consumidor*, cit., p. 136.

113 MACEDO JUNIOR, Ronaldo Porto. *Contratos relacionais e defesa do consumidor*, cit., p. 136-137.

114 MACEDO JUNIOR, Ronaldo Porto. *Contratos relacionais e defesa do consumidor*, cit., p. 137.

115 GOMES, Orlando. *Contratos*, p. 15.

partes, eis que, necessariamente, os interesses individuais dos envolvidos visam a um fim comum.

Orlando Gomes discute a natureza contratual desses tipos de negócios, justamente, pelo fato de os interesses envolvidos não serem conflitantes, como ocorre nas sociedades. Ao mesmo tempo, afirma que não se pode negar a característica contratual de uma sociedade na medida em que se admita a composição de interesses que seriam formalmente contrapostos, concluindo que seriam, em verdade, pertencentes à categoria dos acordos[116].

Nos contratos relacionais, os ônus e benefícios são compartilhados, o que os aproximaria de uma sociedade ou acordo, segundo Orlando Gomes. Essa constatação não chega a ser uma inovação, especialmente, se observarmos a doutrina de Tullio Ascarelli, que, na primeira metade do século XX, já destacava que os contratos plurilaterais tinham a característica de serem de longa duração, ficando sujeitos a reformulações de planejamentos, terem objeto aberto sob certo ponto de vista e demandarem comportamento em consonância com a boa-fé objetiva, notadamente, sob o aspecto da cooperação[117].

A manutenção das relações de trocas equilibradas, todavia, passa pelos conceitos de solidariedade e cooperação. Ian R. Macneil apoia-se muito nas concepções de Durkheim, para quem solidariedade define-se como o elemento moral das relações de cooperação, a qual seria, simplesmente, a divisão de tarefas comuns[118].

Essa definição também pode ser lida como o trabalho comum entre indivíduos. Ronaldo Porto Macedo Junior opta por refinar mais o supracitado conceito, afirmando que cooperar seria "associar-se com outro para benefício mútuo ou para divisão mútua dos ônus"[119], de modo a agregar o elemento da mutualidade. O Autor prossegue para asseverar que a cooperação poderia assemelhar-se a uma simbiose, "pela qual um ser vivo relaciona-se com outro de maneira a que cada um retire proveitos materiais concretos desta relação"[120].

---

116 Cf.: GOMES, Orlando. *Contratos*, p. 399-400.

117 ASCARELLI, Tullio. *O contrato plurilateral. Problemas das sociedades anônimas e direito comparado*. São Paulo: Saraiva, 1946. p. 271 e ss.

118 DURKHEIM, Émile. *The division of labor in society*. Tradução de W. D. Halts. NewYork: Free Press, 1993. p. 79.

119 MACEDO JUNIOR, Ronaldo Porto. *Contratos relacionais e defesa do consumidor*, cit., p. 140.

120 MACEDO JUNIOR, Ronaldo Porto. *Contratos relacionais e defesa do consumidor*, cit., p. 140. O autor cita Erich Schanze como explorador da mesma ideia, que a desenvolveu em Symbiotic contracts: exploring log-term agency structures between contract and

A comparação não nos parece a mais precisa, haja vista forte corrente da biologia defensora de que, na simbiose, não necessariamente todos os envolvidos beneficiem-se da vida em conjunto. A figura biológica mais próxima da cooperação seria o mutualismo, em que há sempre compartilhamento de benefícios[121].

Vemos, sob a perspectiva assim traçada, outra distinção entre contratos descontínuos e relacionais, sendo certo que os primeiros apresentam equilíbrio formal entre os contratantes, sem que haja o compartilhamento de benefícios e a divisão de ônus que se apresentam nos contratos relacionais, como ocorre no contrato ou acordo de sociedade, já mencionado.

A este respeito, novamente, voltamo-nos a ensinamento de Tullio Ascarelli, segundo o qual as normas jurídicas podem determinar a repartição ou o compartilhamento de bens. No primeiro caso, o aproveitamento sucessivo do bem é uma permissão lícita do ordenamento; já no segundo, é exatamente o objeto da disciplina jurídica, assumindo o contrato caráter instrumental[122].

É o que ocorre em um contrato de parceria para desenvolvimento tecnológico, por exemplo. Pelo fato de os interesses, em muitos aspectos, serem mútuos, criam-se vínculos mais fortes do que os encontrados em uma relação contratual descontínua. Nesta, as expectativas e compromissos sobre o resultado não têm a força vinculante que há nos contratos relacionais[123].

Ao mesmo tempo em que cooperação e solidariedade são conceitos que não se misturam, não se autoexcluem. Além da noção apriorística externa de solidariedade, em um conceito mais amplo, também podemos encontrar a formação de uma comunidade solidária interna à relação contratual, formada pela articulação dos vínculos contratuais.

Corporation, in Christian Joerges (Ed.). *Franchising and the law. Theoretical and comparative approaches in Europe and the United States*. Nomos Verlagsgesellschaft, Baden-Baden, 1991.

121 BOUCHER, Douglas H. The idea of mutualism, past and future. In: BOUCHER, Douglas H. (Coord.). *The biology of mutualism*: ecology and evolution. New York: Oxford University Press, 1985. p. 7-15; LEWIS, D. H. Symbiosis and mutualismo: crisp concepts and soggy semantics. In: BOUCHER, Douglas H. (Coord.). *The biology of mutualism*: ecology and evolution. New York: Oxford University Press, 1985. p. 29-38.

122 ASCARELLI, Tullio. *O contrato plurilateral. Problemas das sociedades anônimas e direito comparado*, cit., 1946, p. 276.

123 MACEDO JUNIOR, Ronaldo Porto. *Contratos relacionais e defesa do consumidor*, cit., p. 141.

Os contratos de seguro apresentam tanto o caráter cooperativo, ao envolver vários interessados em viabilizar proteções contra riscos, quanto o solidarístico (socialização dos prejuízos de certos agentes envolvidos)[124].

Solidariedade também não se confunde com confiança, apesar de envolvê-la em certa medida. Confiança liga-se mais à ideia de não exploração de uma parte pela outra, especialmente, de uma vulnerabilidade previamente conhecida da parte. Isso não quer dizer que haja necessariamente compartilhamento de benefícios e divisão dos ônus pelas partes, presentes na solidariedade[125].

Ronaldo Porto Macedo Junior destaca que a confiança aproxima-se de um pacto em que as partes concordem em resolver suas controvérsias sem violar suas autonomias. O campo fértil para isso seria a garantia ao respeito e autonomia de cada qual[126].

Quanto maior o nível de confiança em uma relação, maior a sua eficiência, pelo menos em tese. Possibilidades de incrementar a confiança é viabilizar a autorregulamentação, a existência de estruturas mais flexíveis de contratação, renegociações e reestruturação do planejamento. Tudo como ocorre nos contratos relacionais[127].

Assim, os contratos relacionais proporcionam vantagens à organização da produção e à circulação de riquezas. Apesar de ainda não difundidos como mereceriam ser, gradualmente estimulam mudança de paradigmas de regras neoclássicas de julgamento e interpretação contratual, notadamente, por intermédio da utilização de princípios gerais, como o da boa-fé objetiva, por meio dos quais se pode, inclusive, buscar o atendimento a exigências de justiça social[128].

Os contratos relacionais rompem com concepções trazidas pela doutrina contratual neoclássica, principalmente, na medida em que colocam as condutas ligadas à boa-fé objetiva no papel central das obrigações, em detrimento

---

124 MACEDO JUNIOR, Ronaldo Porto. *Contratos relacionais e defesa do consumidor*, cit., p. 145.

125 MACEDO JUNIOR, Ronaldo Porto. *Contratos relacionais e defesa do consumidor*, cit., p. 146.

126 MACEDO JUNIOR, Ronaldo Porto. *Contratos relacionais e defesa do consumidor*, cit., p. 148.

127 MACEDO JUNIOR, Ronaldo Porto. *Contratos relacionais e defesa do consumidor*, cit., p. 150.

128 MACEDO JUNIOR, Ronaldo Porto. *Contratos relacionais e defesa do consumidor*, cit., p. 151. Aqui, o autor abre as portas para desenvolver a ideia de atendimento às exigências de justiça social por meio dos princípios que podem ser aplicados por intermédio dos contratos relacionais, como a boa-fé objetiva, especialmente, quanto à sua aplicação aos casos dos contratos previdenciários, p. 239 e seguintes.

de elementos centrais neoclássicos, como o preço, o prazo e a forma, os quais passam a não ser definidos ou totalmente definidos *a priori*[129].

A este respeito, cumpre explicar que os deveres primários em uma obrigação, segundo Clóvis do Couto e Silva, seriam de dar, restituir, fazer e não fazer. Os deveres secundários emanariam do princípio da boa-fé objetiva. Entre eles, poderíamos destacar o dever de indicação e esclarecimento, que visa aclarar certa circunstância que a outra parte não conheça total ou parcialmente[130]. Falamos, na verdade, do dever de informar, o qual ganhou novos e maiores holofotes com o advento do Código de Defesa do Consumidor, em 1990[131].

Por sua vez, J. M. Antunes Varella considera que os deveres primários seriam aqueles afetos à prestação principal de uma obrigação. Os secundários, por sua vez, seriam ínsitos às obrigações complexas e relacionar-se-iam aos chamados deveres acessórios da prestação principal, os quais se destinam ao preparo do cumprimento ou assegurar a execução da prestação, assim como os deveres relativos às prestações substitutivas ou complementares da principal. Haveria, ainda, os deveres de conduta ou laterais, os quais, mesmo não afetando a prestação principal, são essenciais ao desenrolar da obrigação[132].

Tanto que o Enunciado n. 24 do Conselho da Justiça Federal, aprovado na I Jornada de Direito Civil, estabelece que a violação de deveres anexos, contidos pelo princípio da boa-fé objetiva, constitui inadimplemento, independentemente de culpa. Isto é, ainda que não exista intenção de prejudicar (*animus nocendi*), nem consciência de violação de dever legal, teria ocorrido rompimento de regra de comportamento contratual de lealdade e colaboração.

Importante pontuarmos posicionamento de Antonio Junqueira de Azevedo sobre o enunciado em epígrafe, dando conta de que este teria ido além do que realmente deveria, no sentido de que o inadimplemento poderia pressupor a culpa, ou seja, adotar-se a figura da culpa presumida, ao invés de optar-se por dela prescindir-se. Tecnicamente seria uma saída mais adequada, com o que concordamos *in totum*.

---

129 MACEDO JUNIOR, Ronaldo Porto. *Contratos relacionais e defesa do consumidor*, cit., p. 153.

130 COUTO E SILVA, Clóvis Veríssimo do. *A obrigação como processo*. Porto Alegre: Universidade Federal do Rio Grande do Sul, Meridional, 1964. p. 104-117.

131 MARQUES, Cláudia de Lima. *Contratos no Código de Defesa do Consumidor*. 2. ed. São Paulo: RT, 1995. p. 83-84.

132 ANTUNES VARELLA, J. M. *Direito das obrigações*. Rio de Janeiro: Forense, 1977. p. 105-107.

Assim, em que pese haver diferenças de modulação ou calibração da aplicação do princípio da boa-fé objetiva, conforme o caso prático sob análise, é certo que nos contratos relacionais sua posição é fulcral, não marginal.

Segundo Ronaldo Porto Macedo Junior, haveria uma transmutação dos deveres acessórios de cooperação, a qual se daria de três diferentes maneiras: a primeira, como já aludido, daria conta de que a cooperação assumiria papel central em uma obrigação, pois, em um contrato.

Em segundo plano, o dever de cooperação acessório de cooperação toma o lugar principal de princípios básicos neoclássicos, como a liberdade contratual, o *pacta sunt servanda* e a autonomia da vontade, exercendo não apenas função interpretativa subsidiária quando haja lacunas, mas permeia todos os contratos relacionais.

Por derradeiro, certos valores comunitários sobrepõem-se a outros individualistas, pela aplicação do dever de solidariedade, que, por sua vez, impõe obrigações morais e legais de agir conforme condutas pré-definidas[133].

Apesar de as relações de poder estarem contidas nas relações contratuais genericamente consideradas, a doutrina contratual clássica e neoclássica não tratou de desenvolver mecanismos que fossem capazes de diluir as diferenças de posições de poder desempenhadas pelas partes dentro de um contrato, salvo raras exceções[134].

Certamente, esse fato deveu-se à força e supremacia que se atribuiu à liberdade contratual e à autonomia da vontade (e seus consectários) no período pós-Revolução Francesa, em reação às ingerências do *Ancien Régime*[135].

Os poucos mecanismos criados para mitigarem-se as diferenças entre posições de poder das partes, todavia, preocuparam-se em fazê-lo, em regra, antes ou depois da efetivação das trocas prestacionais.

Essa não é a tônica na prática encontrada no mecanismo dos contratos relacionais, em que a natureza das trocas é também considerada, resultando na preocupação com relações de poder e mutualidade antes, depois e, principalmente, durante a fase de execução contratual[136].

---

[133] MACEDO JUNIOR, Ronaldo Porto. *Contratos relacionais e defesa do consumidor*, cit., p. 153.

[134] MACEDO JUNIOR, Ronaldo Porto. *Contratos relacionais e defesa do consumidor*, cit., p. 153.

[135] MACEDO JUNIOR, Ronaldo Porto. *Contratos relacionais e defesa do consumidor*, cit., p. 154.

[136] MACNEIL, Ian R. *O novo contrato social:* uma análise das relações contratuais modernas. Tradução de Alvamar Lamparelli. Rio de Janeiro: Elsevier, 2009. p. 82-87.

Antes, contudo, de aprofundarmos o estudo do poder nas relações contratuais, a fim de verificar suas diferenças no âmbito dos contratos descontínuos e relacionais, cumpre definir sua conceituação e desdobramentos.

A partir da concepção weberiana de poder definido como capacidade de imposição da vontade de uma parte em detrimento da vontade da outra parte[137], podemos destacar dois desdobramentos ou categorias de poder em uma relação (contratual), quais sejam, poder unilateral e poder bilateral[138].

O poder unilateral seria a mera capacidade de fazer a contraparte a agir de determinada maneira, mesmo contra sua vontade. E o poder bilateral seria o não exercício do poder unilateral que poderia subjugar a outra parte em benefício de possibilitar a existência de uma relação de troca. Há, pois, compensação de poderes unilaterais das partes.

O poder unilateral aparece com elevada frequência nas relações descontínuas, ao passo que, nos contratos relacionais, as interações de poder costumam ser mais complexas e oscilantes no sentido de que poderes unilaterais e bilaterais são envolvidos em relações de interdependência das partes[139].

Isso porque há mudanças nos pontos de equilíbrio de poder ao longo do tempo, o que não ocorre nas relações descontínuas, caracterizadas pela estandardização de modelos contratuais estáticos, influenciados pelas doutrinas clássica e neoclássica.

Macneil explica a supracitada diferença pela "presentificação" do futuro existente nos modelos clássico e neoclássico, o que inibiria a análise da oscilação das relações de poderes bilaterais após a conclusão do contrato, em que pese tomarem lugar na prática[140].

Os *discrete contracts* têm como característica básica o fato de serem impessoais, «presentificadores" (isto é, tendem a tornar presente o futuro), envolverem uma barganha entre partes instrumentalmente orientadas e requererem o mútuo consentimento das duas partes.

A impessoalidade se dá na medida em que a transação se resume à simples troca de mercadorias, observando-se seu preço, quantidade, descrição e data

---

137 MACEDO JUNIOR, Ronaldo Porto. *Contratos relacionais e defesa do consumidor*, cit., p. 158.

138 MACEDO JUNIOR, Ronaldo Porto. *Contratos relacionais e defesa do consumidor*, cit., p. 158.

139 MACEDO JUNIOR, Ronaldo Porto. *Contratos relacionais e defesa do consumidor*, cit., p. 159.

140 MACNEIL, Ian R. Economic analysis of contractual relations: if shortfalls and the need for a rich classificatory apparatus. *Northwestern University Law Review*, v. 72, n. 6, 1988, p. 1050.

de entrega. Não há deferências especiais devido à natureza dos agentes ou partes, bastando a subsunção ao conceito geral e abstrato de sujeito de direito[141].

Eles são "uma entidade separada", ou seja, uma ilha de contratação sem liame com quaisquer possíveis relações anteriores, presentes ou possivelmente futuras entre as partes. Ronaldo Porto Macedo Junior, referindo-se a essa característica, relembra o que dispunha o Código Civil Brasileiro de 1916 sobre o negócio jurídico:

> Assim também, por exemplo, o contrato de acordo com o Código Civil brasileiro de 1917, desde que contenha livre manifestação da vontade, objeto lícito, agente capaz e não ofenda a forma prescrita em lei, é considerado ato negócio jurídico perfeito e gerador de efeitos jurídicos, em particular, do efeito vinculante e da executoriedade[142].

Nesse sentido, são "presentificadores" porque se colocam no presente todos os comportamentos dos contratantes a serem desempenhados no futuro. Praticamente não se presta atenção a possíveis atuações quanto a quebras ou inadimplementos contratuais, assim como ocorre quanto à fase pré-contratual. Predomina o princípio clássico contratual do *pacta sunt servanda*, independentemente dos efeitos que dele possam advir.

O autor continua para afirmar que a cada exercício de poder bilateral na celebração de um novo contrato, surge, para cada parte, um novo poder unilateral. Ou seja, os poderes bilaterais das partes fragmentam-se em novas porções de poder unilateral[143].

Recentemente, observa-se a propulsão de vários mecanismos que, direta ou indiretamente, visam à mitigação das diferenças de poderes unilaterais nas relações contratuais, como os encontrados no Código de Defesa do Consumidor Brasileiro e mesmo no Código Civil Brasileiro, aqui, pela via do instituto da lesão e da onerosidade excessiva, além do estabelecimento do direito de participação em maior grau dentro de estruturas mais complexas e sofisticadas[144].

---

141 MACEDO JÚNIOR, Ronaldo Porto. *Contrato previdenciário como contrato relacional.* Disponível em: <http://www.boletimjuridico.com.br/doutrina/texto.asp?id=165>. Acesso em: 10 fev. 2015.

142 MACEDO JÚNIOR, Ronaldo Porto. *Contrato previdenciário como contrato relacional*, cit.

143 MACNEIL, Ian R. Economic analysis of contractual relations, cit., p. 1050.

144 MACEDO JUNIOR, Ronaldo Porto. *Contratos relacionais e defesa do consumidor*, cit., p. 161-162.

Ronaldo Porto Macedo Junior, ainda no campo das diferenciações dos aspectos mais relevantes dos contratos descontínuos e dos contratos relacionais trata da visão e expectativa dos participantes da relação[145].

Subdivide a visão e expectativa dos participantes em quatro diferentes tipos de atitudes: o reconhecimento da troca; o comportamento altruístico; o sentimento de tempo, já de certa forma aludido; e as expectativas ligadas a problemas futuros[146].

O reconhecimento da troca e das motivações e fundamentos econômicos que são finalidade é muito cristalino nas relações descontínuas. Muitas vezes, esse é um elemento da própria sobrevivência do contratante, aliás.

Nos contratos relacionais, essa percepção é diferente, eis que relações deste tipo têm aspectos importantes de cunho não econômico, como a confiança, exemplificativamente. A tal ponto de, trazendo à tona manifestações de interesses puramente econômicos e individuais, poder representar fator desagregador e fomentador de atritos ou desconfiança[147].

O conceito de altruísmo não encontra guarida na ciência do direito, ficando adstrito ao campo da moral. Poderia ser definido como o compartilhamento desinteressado em favor do outro. Ou seja, não se espera a reversão de tal comportamento em benefício (econômico) do praticante do ato, mesmo que seja no futuro[148].

Nos contratos descontínuos, portanto, inexiste espaço para comportamentos eminentemente altruístas. Não devemos confundir o altruísmo, todavia, com a solidariedade, a qual seria o altruísmo adjetivado de um dever, sendo este pertencente ao campo jurídico[149].

Nos *discrete contracts*, detectamos comportamentos egoístas, individualistas, essencialmente instrumentais e pragmáticos dos contratantes, em que estes buscam a satisfação dos interesses econômicos particulares tanto quanto possível. Prevalece a visão liberal de mundo, no âmbito da qual o indivíduo age como verdadeiro *homo economicus*, ou seja, aquele que se comporta

---

[145] MACEDO JUNIOR, Ronaldo Porto. *Contratos relacionais e defesa do consumidor*, cit., p. 165.

[146] MACEDO JUNIOR, Ronaldo Porto. *Contratos relacionais e defesa do consumidor*, cit., p. 165.

[147] MACEDO JUNIOR, Ronaldo Porto. *Contratos relacionais e defesa do consumidor*, cit., p. 165-166.

[148] MACEDO JUNIOR, Ronaldo Porto. *Contratos relacionais e defesa do consumidor*, cit., p. 166-167.

[149] MACEDO JUNIOR, Ronaldo Porto. *Contratos relacionais e defesa do consumidor*, cit., p. 167.

racionalmente, tendo em vista os meios de que dispõe para obter a maior vantagem econômica possível para si. Por isso se diz que os *discrete contracts* assumem o caráter básico de uma "barganha instrumental".

Haver contrato descontínuo implica afirmar a existência de "mútuo consentimento", pois os termos estabelecidos para a troca que resulta da "barganha instrumental" advêm da livre estipulação das partes contratantes, que é nada mais que uma decorrência do princípio do direito contratual clássico e neoclássico da autonomia da vontade.

Aliás, para o direito contratual clássico e sua versão mitigada, representada pelo direito contratual neoclássico, o foco era banir qualquer possibilidade de presença do binômio indeterminação-incerteza do contexto de qualquer relação contratual. Como decorrência de todo o histórico que precedeu essa formulação, prevalecia uma concepção formalista que visava garantir a segurança e previsibilidade nas relações contratuais.

Entendia-se que a falta de determinação de um termo ou cláusula contratual levaria à nulidade de todo o contrato. Logo, não havia contrato válido e ambíguo ou incerto. Enquanto se objetivava barrar a indeterminação e incerteza nas cláusulas contratuais, criava-se uma série de limitações às partes no sentido de introduzirem modificações durante a execução contratual. Não se concebia modificar sem que isso pudesse implicar a conclusão de um novo contrato[150].

Outro princípio que norteia os contratos descontínuos é aquele denominado, no direito anglo-saxão como *Battle of Forms* ou Batalha de Formulários, querendo significar que a aceitação de uma oferta com a proposição de novos termos não é uma aceitação por assim dizer, mas uma contraoferta. Resultando na necessidade de nova aceitação da parte ofertante inicial[151].

Percebe-se, assim, que esse princípio impede que o contrato possa ser tido como processo dinâmico, relacional, sendo tido como ato único e perfeitamente acabado instantaneamente à sua conclusão, ressaltando as características da autonomia e descontinuidade. Nas palavras de Ronaldo Porto Macedo Junior: "O contrato não é visto como um processo, mas antes como uma mônada não vinculada às modificações e aos acertos anteriores ou subsequentes".

---

150 ANDRADE, Darcy Bessone de Oliveira. *Do contrato:* teoria geral, cit., p. 191.

151 ANDRADE, Darcy Bessone de Oliveira. *Do contrato:* teoria geral, cit., p. 191.

Outro princípio que norteia os contratos descontínuos segundo a ótima clássica e neoclássica refere-se à "Oferta Obrigatória, Irrevogável ou Firme". Assemelha-se ao *Battle of Forms*, mas não equivale a ele por ligar-se mais à "oferta de curta duração". Não significa que seja irrevogável, a menos que o ofertante tenha recebido uma contraprestação do oblato para mantê-la firme. Vem à tona, novamente, a "presentificação", eis que a fase pré-contratual não é vinculante sob qualquer aspecto, ressaltando-se o caráter instantâneo da relação contratual, valendo o conteúdo do acordo de vontades do momento da aceitação[152].

Mais ainda, o princípio do "Contrato de Prestação" faz considerar cada prestação como um contrato autônomo. O inadimplemento de qualquer prestação torna o contrato extinto com efeitos *ex tunc*, liberando o contratante inocente para contratar o mesmo objeto com terceiros, sem que pudessem ser impostos ao inadimplente os gravames do descumprimento obrigacional.

Por fim, em que pese a preponderância que se dá ao conceito do "acordo de vontades" na teoria contratual clássica e neoclássica, há, concomitantemente, o reconhecimento de que aspectos das relações não promissórias, tais como a boa-fé, a vedação da cláusula leonina, a regra de equidade e respeito aos costumes, também fazem parte do direito contratual.

Nada obstante, o pensamento clássico lhes imputa natureza subsidiária, "supridores de lacunas", e, ainda assim, somente quando o contrato formalmente estabelecido oferecer-lhes espaço de atuação. O direito contratual neoclássico mitigou tais princípios ao admitir certo grau de indeterminação nos contratos e mudanças durante a execução do contrato, bem como a proteção de expectativas legítimas dos contratantes. Ronaldo Porto Macedo Junior cita, exemplificativamente, a edição do Código de Defesa do Consumidor, no caso brasileiro[153].

Já os primeiros, contratos relacionais, em regra criam relações continuamente duradouras, em que os termos substantivos que objetivam as trocas são abertos. Na verdade, paralelamente às relações promissórias, vivem os vínculos não promissórios, o que é uma consequência da existência de

---

152 ANDRADE, Darcy Bessone de Oliveira. *Do contrato:* teoria geral, cit., p. 157-165.

153 MACEDO JÚNIOR, Ronaldo Porto. *Contrato previdenciário como contrato relacional.* Disponível em: <http://www.boletimjuridico.com.br/doutrina/texto.asp?id=165>. Acesso em: 10 fev. 2015.

cláusulas constitucionais ou de regulamentação do processo de (re)negociação permanente[154].

Assim, nos contratos relacionais, não se consegue, *a priori*, definir preço, quantidade, descrição e data de entrega, por exemplo, haja vista seu alto grau de mutabilidade e flexibilidade das relações que albergam. Por conseguinte, impossível predeterminarem-se todas as eventuais contingências futuras e termos de ajustes que servirão para corrigi-las ou mitigá-las.

As questões ligadas à indeterminação existente nos contratos relacionais não seriam tratadas adequadamente com as soluções propostas pelo modelo clássico. Tampouco aquelas concebidas pelo direito contratual neoclássico, como os "contratos abertos", nos quais havia, sim, regras mais abertas, mas ainda predefinidas. Definição *a priori* não combina com o novo paradigma dos contratos relacionais.

Ronaldo Porto Macedo Junior trata desse ponto, asseverando, ainda, que o grau de "contingencialidade" e variação dos elementos relacionais não são contidos na estrutura proposta pelo paradigma neoclássico. Extrapola-se, nesse novo paradigma, a questão substancial do contrato, para chegar-se a uma dimensão processual ou programática. No âmbito empresarial, por exemplo, a busca do lucro não se restringe ao produto das trocas propriamente ditas, mas também àquele nascido da mútua cooperação entre os contratantes. *In verbis*:

> A própria possibilidade do estabelecimento de um standard objetivo e prefixado para o reajuste tal como formalizado pela teoria neoclássica começa a se demonstrar insuficiente face o aumento expressivo do grau de contingencialidade e variação dos termos das relações contratuais. O contrato assume, numa dimensão maior do que a teoria neoclássica é capaz de admitir e incorporar, uma dimensão processual, que adquire a forma de um jogo reflexionante que produz *in fieri* a medida de sua razoabilidade e justiça contratual. Em substituição aos termos de ajustamento, os contratos relacionais incluem termos estabelecendo processos institucionais pelos quais os termos de troca e ajuste serão especificados no curso da performance ou cumprimento contratual. Deste modo, os contratos relacionais fazem mais do que regular a troca de mercadorias e seu ajuste. Eles estabelecem o processo para cooperação interorganizacional no produto ou serviço, na produção e na estruturação da forma de gerenciamento. Assim é que em muitas contratações relacionais, como por exemplo o fornecimento entre empresas, até mesmo o sagrado

[154] MACEDO JÚNIOR, Ronaldo Porto. *Contrato previdenciário como contrato relacional*, cit.

> princípio da instrumentalidade da empresa começa a ser questionado e se torna objeto de negociação. Empresas integradas em redes produtivas ou networks num sistema de produção pós-fordista intensificam a troca de informações e começam a compartilhar livros e planilhas de custos. A divisão de lucros passa a ser objeto de negociação entre as empresas no curso da performance contratual que as vincula. O lucro será agora menos o produto da barganha entre as partes e mais o produto de mútua "cooperação", dentro de novos princípios de "solidariedade" e onde o conceito de boa-fé passa a ter uma importância antes inexistente[155].

Tanto os contratos descontínuos como os relacionais apoiam-se sobre bases principiológicas e normas específicas, entre as quais se ressaltam a solidariedade, a integridade e a harmonização com a matriz social. Um ponto importante a destacar-se é a internalidade de certos elementos, como a flexibilidade, a reciprocidade e o equilíbrio das relações de poder nos contratos relacionais. Vale dizer, tais elementos não são passíveis de serem externa e previamente pré-estabelecidos e planejados, como ocorre nos contratos descontínuos[156].

O tempo ou a noção do tempo contempla outro aspecto eivado de diferenças quanto posto no campo dos contratos descontínuos *versus* o campo dos contratos relacionais.

Isso decorre das diferenças ligadas ao planejamento, conforme já mencionamos anteriormente, atrelada à sua vinculatividade. Nos contratos descontínuos, costuma-se "presentificar" o futuro, isto é, vincular o futuro em função do que se planeja no presente. Há fixação, mesmo que formal, do que será o futuro[157].

---

[155] MACEDO JÚNIOR, Ronaldo Porto. *Contrato previdenciário como contrato relacional*, cit. Para uma descrição empírica deste processo, o autor cita Stewart Macaulay, que elaborou um estudo sobre as relações contratuais entre empresários no estado de Wisconsin, Estados Unidos da América, Non-contractual Relations in Business: (A preliminary study. *American Sociological Review*, v. 28/55-67, 1963 e também Ronald Dore, Goodwill and the spirit of market capitalism, editados em Mark Granovetter e Richard Swedberg (Ed.). *The sociology of economic life*. Westview Press, Colorado, 1992. Em um sistema produtivo pós-fordista ou de especialização flexível, o mesmo tipo de estudo foi feito por Michael J. Piore & Charles Sabel. *The second industrial divide. Possibilities for prosperity*. Basic Books, 1984, especialmente p. 3-18, e Oliver Williamson, Transaction – cost economics: the governance of contractual relations. 22, *Journal of Law & Economics*, 233, n. 1, 1979.

[156] MACEDO JÚNIOR, Ronaldo Porto. *Contrato previdenciário como contrato relacional*, cit.

[157] MACEDO JUNIOR, Ronaldo Porto. *Contratos relacionais e defesa do consumidor*, cit., p. 168.

Nos contratos relacionais, o planejamento não tem o condão de "presentificação" do futuro. Há noção de que o tempo funde-se, importando mais prever regras que viabilizem o constante replanejamento e acerto entre as partes[158].

As dissonantes noções de tempo suprarreferidas trazem repercussões às expectativas sobre problemas em um e noutro caso.

Os contratos descontínuos nascem para serem cumpridos ou, caso não o sejam, para extinguirem-se anomalamente, mas sempre conforme previsão já estabelecida no próprio contrato ou na lei. Nas palavras de Luhmann, as expectativas sobre problemas nos contratos descontínuos são normativistas.

Por sua banda, nos contratos relacionais os problemas são encarados como uma decorrência natural da interação entre as partes. Tanto é assim que as possibilidades de planejar e replanejar, no âmbito dos contratos relacionais, têm papel central, assim como a cooperação e outros comportamentos derivados do princípio da boa-fé objetiva. Todos sabem, quando se encontram neste tipo de contratação, que a atitude será a readaptação conjunta[159].

Outro aspecto importante a ser discutido relativamente aos contratos descontínuos em contraste com os contratos relacionais são as fontes de apoio socioeconômico e moral, principalmente, quanto à sua origem externa ou interna ao contrato[160].

Constatamos que, nos contratos descontínuos, elas são externas. Não derivam do próprio contrato, mas são externas e prévias à relação contratual[161]. O mesmo ocorre nos contratos relacionais. Contudo, há o acréscimo de fontes elementares internas, como, exemplificativamente, a interdependência entre as partes[162].

Além disso, o próprio desenrolar da relação costuma gerar obrigações no âmbito do contrato em si considerado. A existência contratual é, portanto, fonte de vinculação contratual.

No que tange às fontes de apoio moral, mister fazermos menção às suas particu-laridades, as quais são relevantíssimas. Nos contratos descontínuos,

---

158 MACNEIL, Ian R. The many futures of contracts, cit., p. 800.

159 MACNEIL, Ian R. The many futures of contracts, cit., p. 805.

160 MACEDO JUNIOR, Ronaldo Porto. *Contratos relacionais e defesa do consumidor*, cit., p. 169.

161 MACEDO JUNIOR, Ronaldo Porto. *Contratos relacionais e defesa do consumidor*, cit., p. 170.

162 MACNEIL, Ian R. The many futures of contracts, cit., p. 747.

elas são, basicamente, a promessa, a não violação de forma prescrita em lei e a obrigatoriedade do contrato[163].

Segundo os paradigmas clássico e neoclássico, os pactos devem ser cumpridos (*pacta sunt servanda*), independentemente de seus resultados, desde que obedecida a forma exigida e não seja permeada de ilicitude a relação[164].

Princípios, como a boa-fé objetiva, por exemplo, não ocupam lugar de destaque no que toca às fontes básicas de apoio moral, sendo relegados a segundo plano, utilizados supletiva, acessória e eventualmente para preenchimento de possíveis lacunas.

Considerando tudo que já vimos até aqui, nos contratos relacionais, há produção de fontes morais internas por todo ambiente de cooperação, solidariedade e mutualidade que é criado, o que vincula as partes. Assim, as fontes de apoio moral contribuem para criação de expectativas legítimas e vinculantes[165].

1.5 Contratos relacionais *versus* contratos incompletos

Por mais que se tente voltar contra esse fato, a incompletude contratual é uma regra; não uma exceção. Afinal, dada a racionalidade limitada ínsita ao próprio ser-humano e à limitação de recursos que permeia a sociedade, impossível determinar ou especificar todas as nuances materiais e imateriais das transações, por mais simples e limitadas no tempo que possam ser. A este respeito, interessantes as considerações de Avery Katz, *in verbis*:

> Recent scholarship in the field of contract law has concentrated on contractual incompleteness-that is, on the fact that except in the simplest and most basic transactions, contracting parties do not work out all of the relevant details and contingencies of their relationship at the outset[166].

O reconhecimento de tal incompletude e de suas consequências deu impulso à teorização dos "contratos incompletos", a partir de estudos de *Law &*

---

[163] MACEDO JUNIOR, Ronaldo Porto. *Contratos relacionais e defesa do consumidor*, cit., p. 170.

[164] MACEDO JUNIOR, Ronaldo Porto. *Contratos relacionais e defesa do consumidor*, cit., p. 170-171.

[165] MACEDO JUNIOR, Ronaldo Porto. *Contratos relacionais e defesa do consumidor*, cit., p. 171.

[166] KATZ, Avery W. Contractual incompleteness: a transactional perspective. *Case Western Res. Law Review*, v. 56, p. 169-186, 2005-2006. p. 169.

Economics (Direito e Economia), principalmente, por pesquisadores norte-americanos, em meados da década de 1960, com a análise do Teorema de Coase[167].

O presente trabalho dissertativo não tem o escopo da análise econômica do Direito, muito menos pretende intercambiar Direito Brasileiro (*Civil Law*) e Direito Norte-Americano (*common law*), no qual se fundou a "teoria dos contratos incompletos", em que há diferentes regras de interpretação contratual e colmatação de eventuais lacunas, malgrado a previsão de preenchimento de certas cláusulas abertas pela boa-fé objetiva, conforme o *Uniform Commercial Code.*

Nada obstante, inegável a forte interação entre o Direito, mais especificamente, Direito dos Contratos e Economia. Especialmente, no que tange aos contratos relacionais, conforme já aludido no capítulo introdutório. Com efeito, a Teoria dos Contratos Incompletos visa alardear às partes sua própria limitação e, uma vez que estejam cientes desse fato, transfere-lhes o ônus de solucionar ou, ao menos, prever mecanismos de solução, a seus possíveis conflitos internos, exatamente onde e quando a boa-fé objetiva entra como a principal ferramenta.

Assim, retomando argumentações do início deste subcapítulo, todos os contratos são, de certa forma, incompletos. E isso se deve a alguns principais fatores, entre eles, inicialmente, a chamada "racionalidade limitada", que ocorre, basicamente, por dois outros fatores, os custos de transação e a limitação informacional[168].

Quanto aos custos de transação, pode se tornar inviável a uma parte contratante dispender recursos excessivos no intuito de obter informações sobre a contraparte. Quanto à limitação informacional propriamente dita, ainda que se disponha do material a ser analisado, o ser-humano detém limitações naturais para receber, processar e interpretar dados[169].

A questão da informação pode ser vista sob o prisma da "assimetria informacional". É natural que as partes conheçam mais sobre suas próprias

---

167 ARAÚJO, Fernando. *Análise económica do direito:* programa e guia de estudo. Coimbra: Almedina, 2008. p. 15.

168 HERMALIN, Benjamin E.; KATZ, Avery; CRASWELL, Richard. *The law and economics of contracts,* p. 70. Disponível em: <http://papers.ssrn.com/sol3/papers.cfm?abstract_id=907678##>. Acesso em: 10 abr. 2014.

169 CAMPBELL, David. The incompleteness of our understanding of the law and economics of relational contract. *Wisconsin Law Review,* p. 645-678, 2004. p. 674.

atividades negociais que as da contraparte. Sabe-se que as partes têm o dever anexo derivado da boa-fé objetiva que as obriga a prestar informações umas às outras, desde a fase de negociações preliminares, entretanto, dificilmente todas as informações são transmitidas do modo devido. Mesmo que sejam, dificilmente a outra parte reunirá todas as condições necessárias a assimilá-las, por falta de tempo, por erro de julgamento ou pela eventual exigência de dispêndios dos quais não disponha ou não queira dispor, ponto em que os custos de transação e a assimetria informacional encontram-se.

Considerando os fatores supracitados, seria comum às partes optarem conscientemente por um contrato sabidamente incompleto em vez de gastarem recursos escassos como tempo e dinheiro em demasia na ânsia de completá-lo. Os custos para maior completude, eventualmente, serão maiores que aqueles a serem despendidos em uma futura reorganização ou complementação[170].

Assim, um contrato será tanto mais incompleto quanto maior a complexidade da transação, sob os pontos de vista interno e externo, ou seja, no que toque às trocas em si consideradas e no que tanja ao ambiente negocial. Exatamente o momento da sociedade complexa que vivemos atualmente[171], em que ganham relevância os contratos relacionais.

Ou seja, contratos relacionais têm a tendência de serem significativamente incompletos. As partes não conseguirão prever toda e qualquer circunstância atinente à execução prolongada porque, no momento da conclusão, não há meios de se enxergar todas as informações internas, relativas à transação e ao outro contratante, e externas, relativas ao estado do mercado e da sociedade[172].

Contudo, contratos relacionais excessivamente incompletos, a ponto de faltarem condições para o adimplemento das obrigações prestacionais, podem tornar-se ineficientes, o que é indesejado pela sociedade e pelas partes contratantes[173]. Novamente aqui, a boa-fé objetiva ingressa com importante função

---

[170] COLLINS, Hugh. *The law of contract*. 4. ed. Cambridge: Cambridge University Press, 2008. p. 26.

[171] SEGAL, Ilya. Complexity and renegotiation: a foundation for incomplete contracts. *The Review of Economic Studies*, v. 66, n. 1, Special Issue: Contracts, p. 57-82, jan. 1999.

[172] BEZERRA, Andréia Cristina; PARENTONI, Leonardo Netto. A reconsideração da personalidade jurídica nos contratos mercantis de colaboração. *Revista de Direito Mercantil, Industrial, Econômico e Financeiro*, São Paulo, ano L, n. 158, p. 189-210, abr./jun. 2011. p. 197.

[173] HART, Oliver; MOORE, John. Incomplete contracts and renegotiation. *The Review of Economics Studies*, v. 56, n. 4, p. 755-785, jul. 1988. p. 755.

supletiva, levando as partes a adotarem comportamentos eventualmente não estabelecidos *ex ante*[174].

Outro ponto a ser considerado é que as partes podem não estar cientes de certas lacunas que existam em seu contrato até que surja uma crise que as exponha a tal situação, que também clamarão pela maior presença de boa-fé objetiva, principalmente, pela via do dever de cooperação e de prestar informações, de modo a evitarem-se comportamentos oportunistas e, utilizando-se a flexibilidade característica dos contratos relacionais, viabilizarem-se renegociações e trocas constantes e tempestivas de informações novas que vão surgindo ao longo da execução.

Na prática, haverá dois possíveis caminhos jurídicos diante de uma lacuna contratual: o preenchimento pelo Poder Judiciário ou pelas partes. No primeiro caso, estar-se-á diante de uma solução tradicional, em que a opção será pela declaração de nulidade do contrato ou diante de uma solução mais adequada ao que a atualidade reclama, em que se buscará colmatar eventual lacuna adotando solução mais próxima possível ao que se entenda como razoável e verossímil à vontade das partes[175], o que significa uma interpretação em consonância com a boa-fé objetiva.

Ocorre que se o contrato é incompleto (e relacional, especialmente), por todas as razões já expostas anteriormente, muito menos que as partes poderia o Poder Judiciário ter consciência de um todo contextual que o contenha (as *incomplete courts*), interna e externamente à própria transação, de sorte que solução mais eficiente sairia das mãos das partes e seus assessores técnicos. Afinal, existe maior probabilidade de que elas saibam as razões da incompletude e a melhor solução a depender do motivo específico, ora a renegociação, ora a resolução, ora a busca pelo Poder Judiciário[176].

Avery Katz sugere 4 (quatro) atitudes para se lidar melhor com a incompletude contratual, tentando até evitá-la em alguns casos, são elas: (i) realização de investimentos apriorísticos ou *ex ante*, para evitar custos *ex post* em análises sobre a transação; (ii) colocação de métodos de interpretação *ex post*; (iii) delegação de poder a um agente externo para eventual colmatação de lacunas; e

---

[174] ARAÚJO, Fernando. *Teoria econômica do contrato*. Coimbra: Almedina, 2007. p. 174.

[175] HERMALIN, Benjamin E.; KATZ, Avery; CRASWELL, Richard. *The law and economics of contracts*, cit., p. 65-66.

[176] KATZ, Avery W. Contractual incompleteness, cit., p. 171-172.

(iv) cláusulas que deem flexibilidade ao contrato, permitindo e fomentando a renegociação[177].

Como se pode observar, as sugestões postas são nada mais que características já encontradas nos contratos relacionais, que se desenvolveram na medida em que se tornaram mais complexas as trocas dentro da sociedade e do mercado. E mais, são atitudes que trazem em si, como figura central, a boa-fé objetiva em variadas dimensões, como dever de informação, dever de cooperação, transparência etc.

Tanto que Ian R. Macneil já aludiu ao papel de agentes externos ao contrato no intuito de preencher lacunas e determinar certos comportamentos ou grandezas contratuais, especificamente, dissertou sobre o papel do arquiteto ou engenheiro nos contratos de empreitada ou construção[178].

Sobre a incompletude contratual relacional e boa-fé objetiva, vale a observação do que asseveram Alexandre Cateb e José A. Gallo, *in verbis*:

> [...] as partes somente conseguiriam lidar com os riscos legais através do princípio da boa-fé objetiva, tanto na conclusão e durante a execução do contrato, quanto durante a fase pós-contratual, o que eliminaria a necessidade da excessiva previsão de contingências[179].

Enfim, ao considerarmos que contratos sejam incompletos e quanto mais sejam complexos proporcionalmente maior a incompletude, temos que contratos relacionais tendem a ser significativamente incompletos e, portanto, totalmente dependentes de alto grau de boa-fé objetiva aplicada à transação para que os eventuais efeitos negativos da incompletude ao contrato em si e à sociedade, de modo reflexo, possam ser administrados e mitigados adequadamente.

---

[177] KATZ, Avery W. Contractual incompleteness, cit., p. 171-172.

[178] MACNEIL, Ian R. Contracts: adjustment of long-term economic relations under classical, neoclassical, and relational contract law. *Northwestern University Law Review,* v. 72, n. 6, 1988. p. 866.

[179] CATEB, Alexandre Bueno; GALLO, José Alberto A. Breves considerações sobre a teoria dos contratos incompletos. *Berkley Program in Law and Economics Working Papers:* 050107-4/2007. p. 10. Disponível em: <http://repositories.cdlib.org/bple/alacde/050107-4>. Acesso em: 12 nov. 2015.

1.6 Contratos relacionais versus contratos de longo prazo

Tempo e Direito têm, reconhecidamente, uma relação muito peculiar e intensa. Deixar o tempo passar ao largo pode significar a perda de um direito ou de uma pretensão. Da perspectiva do processo, tempo, em geral, não é uma grandeza bem vista, exemplificativamente[180].

Nada obstante, quando relacionamos tempo e Direito das Obrigações, podemos observar outra visão. Como afirma Giovanni Ettore Nanni: "O tempo é um elemento que modificou o modo de apreciar as obrigações na contratação moderna"[181]. O mesmo viés de observação ocorre em relação ao Direito dos Contratos, consequentemente, em que o tempo prolongado não só é bem aceito, como desejado pelas partes contratantes, as quais, não raro, reconhecem-no como necessário. A própria chamada "sociedade informacional" de hoje exige contratações duradouras[182], as quais servem de meio à redução de custos de transação[183] e, dentro deles, dos "custos de informação"[184].

Nesse sentido, seria mais eficiente recorrer a contratos de longo prazo em substituição a seguidas contratações, inclusive, como forma de evitar custos de transação. Partes dos custos de transação podem ser consideradas como a própria necessidade de obter informação; assim, os contratos de longo prazo diminuem o custo de informação porque, se a contratação sempre tivesse que ser refeita, as partes teriam de investir em pesquisas de preço, qualidade, confiança e crédito da contraparte, entre outros aspectos.

Mais ainda, esses contratos permitem a não internalização de certas atividades, o que também contribui para maximização das potencialidades do agente, quando se trata de uma empresa, especialmente[185].

---

180 A este respeito, vale conferir a obra do professor José Rogério Cruz e Tucci (*Tempo e processo:* uma análise empírica das repercussões do tempo na fenomenologia processual civil e penal. São Paulo: RT, 1997).

181 NANNI, Giovanni Ettore. A obrigação de renegociar no direito contratual brasileiro. *Revista do Advogado,* São Paulo, AASP, ano XXXII, n. 116, p. 88-97, jul. 2012. p. 91.

182 GRANIERI, Massimiliano. *Il tempo e il contrato.* Itinerario storico-comparativo sui contratti di durata. Milano: Giuffrè, 2007. p. 63.

183 SZTAJN, Rachel. Sociedades e contratos incompletos. *Revista da Faculdade de Direito da Universidade de São Paulo,* v. 101, p. 171-179, jan./dez. 2006. p. 177.

184 LORENZETTI, Ricardo Luis. *Tratado de los contratos,* 1999, t. 1, p. 116.

185 MACARIO, Francesco. *Adeguamento e rinegoziazione nei contratti a lungo termine.* Napoli: Jovene Editore, 1996. p. 28.

Além disso, contratos de longo prazo viabilizam maior facilidade para que as partes contratantes façam investimentos nos negócios comuns, mesmo que haja riscos de serem perdidos, já que existe maior tendência a haver planejamento consistente e organização visando ao longo prazo[186]. É o que ocorre nos contratos de aliança, por exemplo[187].

Em que pese serem necessariamente de longa duração, os contratos relacionais, por seu turno, têm outras características que vão além da questão temporal, o que é importante destacar. Em ambos os contratos, de longa duração ou relacionais, o tempo é necessário à sua satisfação, contudo, enquanto nos primeiros não há, necessariamente, "amplo programa de cooperação entre sujeitos com vista a objetivos comuns"[188], conforme assevera Manuel A. Carneiro da Frada, nem o necessário desejo pela longevidade, nos segundos, planejamento, certa abertura, flexibilidade e incompletude e alto grau de boa-fé, para além da mera cooperação, são figuras essenciais, tão importantes quanto o objeto principal, representado por prestação e contraprestação que se protraiam no tempo[189].

Nesse sentido, veja-se a diferença latente entre um contrato de locação por prazo longo ou mesmo indeterminado e um contrato de fornecimento e assistência tecnológica, igualmente, de longo ou indefinido prazo. No primeiro, não há lugar para flexibilidade, abertura, assim como não se tem exigência de cooperação, e mais, boa-fé objetiva em alto grau, para atingimento de benefícios e objetivos comuns. Na verdade, os objetivos não são comuns, vez que o locatário sempre desejará alugar o imóvel pelo menor preço possível, enquanto o locador visará ao maior valor de aluguel possível.

---

186 SCOTT, Robert E. Conflict and cooperation in long-term contracts. *California Law Review*, v. 75, p. 2005-2054, 1987. p. 2007.

187 ARAÚJO, Fernando. *Teoria econômica do contrato*, cit., p. 380.

188 FRADA, Manuel A. Carneiro da. *Teoria da confiança e responsabilidade civil*. Coimbra: Almedina, 2001. p. 560.

189 Dentro do tema "contratos de longo prazo", Giorgio Oppo formulou a conceituação dos "Contratto di Durata", segundo a qual a relação, não o contrato, seria duradoura, a qual extrapolaria o Direito das Obrigações, chegando ao Direito de Família e outras searas. Além disso, não seria o tempo elemento essencial do contrato de duração, mas a finalidade da transação, de modo que o tempo tem que ser desejado e necessário à finalidade contratual, não apenas tolerado pelas partes. Ver: OPPO, Giorgio. I contratti di durata – Parte I. *Rivista del Diritto Commercial e del Diritto Generale dele Obligazioni*, Casa Editrice Dotore Francesco Vallardi, v. XLI, 1943. p. 143-250; OPPO, Giorgio. I contratti di durata – Parte II. *Rivista del Diritto Commercial e del Diritto Generale dele Obligazioni*, Casa Editrice Dotore Francesco Vallardi, v. XLII, 1944. p. 17-46.

Desse modo, o longo prazo não torna relacional um contrato. E não faz sentido afirmar que a boa-fé objetiva (ou a cooperação) seja diferenciada em contratos apenas por serem de duração, exceto se forem, além disso, relacionais, nos quais as relações guardam entre si traços específicos e marcantes, os quais demandam diferenciação e compreensão particular quando em contraste com outros contratos. Trata-se de relações complexas de confiança e interdependência, dotadas de muito dinamismo e permeadas pelo efetivo andamento do programa contratual[190].

Voltando ao exemplo citado, em um simples contrato de locação por longo prazo ou mesmo prazo indeterminado, pode ser que as partes nem se conheçam, tendo a negociação sido intermediada por um corretor e a execução contratual ser acompanhada por um administrador de imóveis, o que seria inconcebível em um contrato relacional.

Na locação, diferentemente do que ocorre nos contratos relacionais, como o de fornecimento e assistência tecnológica, não se admitem cláusulas abertas, certa incompletude ou mesmo flexibilidade. Evidentemente, encontram-se cláusulas afetas a uma certa ruptura não natural do pacto, mas o elemento da "presentificação" é muito forte, conforme trataremos mais à frente, semelhantemente ao que ocorre em contratos descontínuos.

Neste passo, importante fazermos uma diferenciação entre contratos de longo prazo e contratos de execução diferida. Nos segundos, o tempo apenas separa a celebração da execução, sendo mero elemento assessório. Já nos primeiros, o tempo é elemento essencial, pois sem ele o programa contratual não teria como ocorrer adequadamente. Vejamos os contratos de execução continuada (com prestação única e ininterrupta) e de trato sucessivo (com prestação reiteras ao longo do tempo)[191].

Para o objeto dessa dissertação, importa verificar a atuação da boa-fé objetiva no âmbito dos contratos relacionais, que se destacam e vão além dos contratos de duração ou de longo prazo, na medida em que, dada sua complexidade, tal princípio ou cláusula geral tem aplicação diferenciada, em grau superior.

De todo modo, averiguar essa diferença entre os contratos relacionais e os contratos de duração permite-nos enxergar melhor suas características, podendo conceituá-lo e discorrer sobre seus pressupostos com maior facilidade. É do que passamos a tratar a seguir.

---

[190] LORENZETTI, Ricardo Luis. *Tratado de los contratos*, 1999, t. 1, p. 118.

[191] GOMES, Orlando. *Contratos*, p. 93-95.

1.7 Conceituação, pressupostos e caracterização

A teoria relacional nasce, basicamente, com o objetivo central de criticar a teoria contratual clássica (e neoclássica), a qual se entende limitada sob certos aspectos, notadamente, o de ter se estruturado sobre um conceito e forma bastante estanques de vínculo contratual, "usualmente denominado contrato descontínuo"[192].

Para a construção desta teoria, fundamental observarmos que, em primeiro plano, o contrato tem como fonte primária a sociedade, esta englobando uma dada ordem de mercado, valores sociais, economia, linguagem, entre outros elementos. Ou seja, todo contrato está dentro de uma certa matriz social, a qual lhe imputa interpretações, regras, serve-lhe de causa, absorve e devolve-lhe efeitos[193].

Fonte secundária do contrato seria a especialização do trabalho, que implica trocas de bens diferentes confeccionados por indivíduos igualmente diferentes. Esta é a tônica da sociedade modernamente concebida[194]. Importante salientar que algumas modalidades de contratos, tais como os relacionais, não se podem traduzir pelo equivalente em moeda, no que tange às relações de trocas em si consideradas[195].

Uma terceira possível fonte do contrato é a liberdade, mais especificamente, aquela interpretada no sentido de possibilidade de escolha ou autonomia da vontade, na medida em que sua ausência implica na falta de distinção entre contrato e comando. Ronaldo Porto Macedo Junior exemplifica essa situação lembrando que não é admitido pelas teorias contratuais que possa existir contrato entre um escravo e seu proprietário[196].

Se admitirmos que o contrato é uma projeção presente de trocas que ocorrerão futuramente, uma quarta figura que compõe as relações contratuais como um todo é a consciência de passado, presente e futuro. Destaca-se o papel desempenhado pela noção do passado, que promove a estabilização de justas expectativas dos contratantes[197].

---

192 MACEDO JUNIOR, Ronaldo Porto. *Contratos relacionais e defesa do consumidor*, cit., p. 123.

193 MACEDO JUNIOR, Ronaldo Porto. *Contratos relacionais e defesa do consumidor*, cit., p. 125.

194 DURKHEIM, Émile. *The division of labor in society*, cit., p. 68.

195 MACEDO JUNIOR, Ronaldo Porto. *Contratos relacionais e defesa do consumidor*, cit., p. 125.

196 MACEDO JUNIOR, Ronaldo Porto. *Contratos relacionais e defesa do consumidor*, cit., p. 125.

197 MACNEIL, Ian R. The many futures of contracts, cit., p. 4.

Logo, segundo Ronaldo Porto Macedo Junior:

> [...] o contrato é: um projetor de trocas emanado numa matriz social fundada nos outros elementos supramencionados, a saber, a especialização do trabalho e da troca, o sentimento de escolha, aparente ou real, e seu exercício, e a consciência do passado, presente e futuro[198].

Se o contrato é um projetor de trocas, importante analisar e compreender os dois principais projetores de trocas existentes na experiência contratual desde a sociedade antiga até os dias atuais.

Um deles é a promessa individual. Outro seria a expectativa de trocas em certa medida previsíveis, a qual se cria a partir de relações presentes que se projetarão no futuro, sem que haja qualquer tipo de coerção ou comando a tanto. Ou seja, contratos existentes, válidos e eficazes que tenham sua execução em andamento podem criar expectativas legítimas de que trocas futuras ocorram por sua causa[199].

Nessa linha de raciocínio, cabe observar que o segundo tipo de projetor de trocas pode vir juntamente com a promessa individual. Por outra banda, a conclusão mais importante é que o projetor de trocas do tipo promissório vem sempre ligado a projetores de trocas não promissórios, notadamente, nos contratos imbuídos de características relacionais[200].

Neste passo, há necessidade de observarmos algumas ponderações de Ian R. Macneil acerca de aspectos presentes nos contratos baseados exclusivamente em promessas individuais: a racionalidade limitada dos contratantes e a inevitável imperfeição da comunicação entre eles. Sobre este segundo aspecto, a promessa sem a companhia de outros elementos não promissórios nunca pode ser uma fonte completa para projetar trocas futuras, o que é uma das razões pelas quais a promessa não pode ser considerada absoluta ou intangível.

Nesse sentido, o ordenamento jurídico encontra-se repleto de mecanismos desautorizadores da promessa, a bem da própria contratação e de seu contexto, tais como a força maior e o caso fortuito e a alteração das circunstâncias, sem prejuízo dos princípios da função social do contrato e da boa-fé objetiva, cujo estudo mais aprofundado será objeto do presente trabalho dissertativo[201].

---

198 MACEDO JUNIOR, Ronaldo Porto. *Contratos relacionais e defesa do consumidor*, cit., p. 126.

199 MACNEIL, Ian R. The many futures of contracts, cit., p. 716.

200 MACEDO JUNIOR, Ronaldo Porto. *Contratos relacionais e defesa do consumidor*, cit., p. 127.

201 MACNEIL, Ian R. The many futures of contracts, cit., p. 729.

Os argumentos aqui postos podem ser ratificados, na prática, pelos resultados de alguns estudos de Stewart Macaulay sobre contratos entre comerciantes de veículos no estado de Wisconsin, nos Estados Unidos da América, onde, quando houver alterações das circunstâncias que ensejem certas posturas dos promissários, haverá justificativas plausíveis para que estes abram mão de buscar em juízo ou mesmo fora dele indenizações por descumprimento contratual[202].

Teresa Negreiros, a partir da visão de Pietro Perlingieri[203], critica classificações doutrinárias no campo contratual brasileiro, principalmente, por não levarem em conta o objeto da prestação, citando que "tratam a compra e venda de uma joia como a compra e venda de dois litros de leite"[204].

Preocupar-se-ia demasiadamente com as distinções relativas à duração contratual, com as manifestações de vontade dos contratantes ou, ainda, com formalidades extrínsecas em detrimento de investigar-se o nódulo central da relação contratual existente, que seguiriam a sorte do bem objeto da prestação contratada. Especificamente, não se daria a devida atenção "à sua maior ou menor utilidade existencial"[205]. Segundo Perlingieri, para cada tipo de interesse do contratante deve ser selecionada aquela norma ou "normativa" aplicável à espécie[206].

A autora prossegue em seu raciocínio justificando a ideia supracitada no fato de que a doutrina foi levada a classificar um novo tipo contratual, o contrato de adesão, uma vez que foi obrigada a reconhecer que a disparidade entre as posições das partes em um contrato traz uma nova tipologia contratual, a qual implica a "nova" conceituação retromencionada[207].

Desse modo, propôs o uso do critério do "paradigma da essencialidade" nessa nova classificação contratual, sob a luz da já citada "utilidade existencial", que tem o bem objeto da prestação contratual como epicentro da análise da

---

202 MACAULAY, Stewart. Non-contractual relations in business: a preliminary study, cit.

203 PERLINGIERI, Pietro. *Perfis do direito civil:* introdução ao direito civil constitucional. Rio de Janeiro: Renovar, 1999.

204 NEGREIROS, Teresa. *Teoria do contrato:* novos paradigmas. Rio de Janeiro: Renovar, 2002. p. 344.

205 NEGREIROS, Teresa. *Teoria do contrato:* novos paradigmas, cit., p. 347.

206 NEGREIROS, Teresa. *Teoria do contrato:* novos paradigmas, cit., p. 357.

207 NEGREIROS, Teresa. *Teoria do contrato:* novos paradigmas, cit., p. 370.

figura contratual em voga em determinado momento, em que as chamadas "situações existenciais" prevaleceriam sobre as "situações patrimoniais"[208].

A esse respeito, vale verificar as palavras da referida autora, *in verbis*:

> A proposta de enunciar e explicitar o paradigma da essencialidade tem por objetivo armar a teoria contratual contemporânea em vista do desafio de, numa economia de mercado, ainda assim fazer prevalecer os valores existenciais sobre os patrimoniais. Seu fundamento último é a afirmação do papel do direito civil, e do direito contratual, em particular, na tutela da dignidade da pessoa humana[209].

Para distinguir contratos ou para distinguir tipos contratuais, Ruy Rosado Aguiar Júnior sugere recorrer a Aristóteles, segundo o qual "o conhecimento humano é a reprodução dos objetos". Logo, classificar ou categorizar um contrato seria reproduzi-lo conceitualmente de acordo com suas especificidades[210].

O procedimento sugerido pelo autor passaria por três fases, quais sejam: a qualificação do contrato; a divisão dos contratos e a classificação propriamente dita. A primeira fase consistiria em verificar os elementos presentes no contrato que o colocariam em um instituto jurídico previsto em lei[211]. A divisão seria a análise desses elementos, que os permitiria especificar e diferenciar segundo aspectos polarizados, como, exemplificativamente, contratos gratuitos *versus* contratos onerosos e contratos bilaterais *versus* contratos unilaterais[212]. A terceira fase, classificação, seria simplesmente agrupar os contratos considerando-se as fases primeira e segunda, ambas supracitadas.

Vincent Forray propôs a metodologia que considerou apropriada para a classificação jurídica, a qual deve obedecer à estrutura do objeto a ser classificado e ao estudo dos elementos que a compõem[213]. Complementarmente, Sílvio Rodrigues dispõe que a classificação é um procedimento por meio do qual se agrupam espécies de acordo com suas semelhanças e distinções.

---

[208] NEGREIROS, Teresa. *Teoria do contrato:* novos paradigmas, cit., p. 449.

[209] NEGREIROS, Teresa. *Teoria do contrato:* novos paradigmas, cit., p. 487.

[210] AGUIAR JÚNIOR, Ruy Rosado de. Contratos relacionais, existenciais e de lucro. *Revista Trimestral de Direito Civil, RTDC*, Rio de Janeiro, ano 12, v. 45, p. 91-110, jan./mar. 2011. p. 94.

[211] "Qualifier um contrat, c'est préciser as nature afin de le faire entrer dans telle ou telle catégorie juridique". COLLART DUTILLEUL, François; DELEBECQUE, Philippe. *Contrats civils et commerciaux*. Paris: Dalloz, 1991. p. 22.

[212] FORRAY, Vincent. *Le consensualisme dans la théorie générale du contrat.* Paris: LGDJ, 2007. p. 93.

[213] FORRAY, Vincent. *Le consensualisme dans la théorie générale du contrat*, cit., p. 90 e ss.

Segue afirmando que não deve deixar resíduos, ou seja, uma vez feita a classificação, nenhuma espécie que a ela deva pertencer pode ficar ausente no correlato grupo. Além disso, espécies de um mesmo grupo devem afastar-se, tanto quanto possível, de outras pertencentes a outro grupo diverso[214].

Ruy Rosado Aguiar Junior critica o formato das classificações contratuais doutrinárias no Brasil, genericamente falando, asseverando que são feitas mais de acordo com as hipóteses legais de tipos contratuais existentes do que seguindo uma determinada metodologia[215].

Nesse sentido, ora consideram o objeto contratado, ora a natureza da relação, ora as partes envolvidas e ora a finalidade da contratação e assim por diante. Faltaria rigor técnico. Exemplifica trazendo à tona a figura do contrato comutativo, o qual pode ser considerado como oposto de aleatório ou representar algo que sugira equivalência de prestações entre as partes contratantes[216].

A classificação dotada de rigor técnico é importantíssima porque ajuda a conhecer, distinguir e agrupar, de modo a facilitar o trabalho do operador do direito no momento de estabelecer o regime jurídico adequado e aplicável a esta ou aquela espécie contratual[217].

Messineo propõe uma classificação contratual, segundo a qual leva em consideração o conteúdo da relação obrigacional. Desse modo, classifica os contratos em: (i) aqueles que disciplinam a relação patrimonial familiar; (ii) aqueles que favorecem a circulação de riqueza; (iii) contratos de colaboração; (iv) contratos de previdência e prevenção de riscos; (v) contratos de conservação e cautelares; (vi) contratos para prevenir ou remediar controvérsias; (vii) contratos de concessão de crédito; e (viii) contratos constitutivos de direito real[218].

Ruy Rosado de Aguiar Junior, por seu turno, segundo suas pretensões acadêmicas, considerando "(i) o modo de negociação entre as partes e o tempo da sua execução", agrupa os contratos em isolados (descontínuos ou singulares) e relacionais. Tendo em vista "(ii) a natureza do objeto da prestação e

---

214 RODRIGUES, Sílvio. *Direito civil:* dos contratos e das declarações unilaterais de vontade. 30. ed. atual. de acordo com o novo Código Civil. São Paulo: Saraiva, 2004. v. 3, p. 27. Essa exigência metodológica é que impede se oponham os contratos existenciais aos contratos de lucro porque não esgotam o universo dos contratos, pois muitos não integram nenhuma dessas espécies, conforme referido no texto.

215 AGUIAR JÚNIOR, Ruy Rosado de. Contratos relacionais, existenciais e de lucro, cit., p. 95.

216 AGUIAR JÚNIOR, Ruy Rosado de. Contratos relacionais, existenciais e de lucro, cit., p. 96.

217 AGUIAR JÚNIOR, Ruy Rosado de. Contratos relacionais, existenciais e de lucro, cit., p. 96.

218 MESSINEO, Francesco. *Manuale di diritto civile.* Milano: Giuffrè, 1952. v. 2, 2ª parte, p. 532.

a finalidade para a qual é feita", distingue os contratos em existenciais e não existenciais. Já se considerar (iii) "a causa e o objeto dos contratos", eles serão empresariais ou não empresariais, de lucro ou não de lucro[219].

O autor reitera o que já escrevera anteriormente sobre o fato de o direito obrigacional ter sido estruturado a partir da concepção dos contratos instantâneos, em que manifestação de vontade e execução ocorrem de uma só vez, naquelas circunstâncias presentes do momento da contratação[220].

Nada obstante, reconhece que, hoje em dia, o próprio mercado concebe e espera receber de volta a realização de contratos de longa duração, seja na prestação de serviços, seja no fornecimento de bens. Para além dessa questão temporal, não raro são os contratos dependentes de outro ou outros contratos (coligações contratuais), que podem se estruturar, ainda, em redes mais complexas (redes contratuais)[221].

Pois bem, conforme acabamos de aludir, os matizes da teoria clássica erigiram um observatório de onde apenas se enxerga com clareza o contrato isolado e descontínuo (ou instantâneo). Entretanto, cada vez mais se constroem contratos programáticos, com regras que ligarão as partes de forma duradoura, cujas obrigações (e até mesmo o objeto, possivelmente) tomarão forma ao longo do adimplemento contratual prolongado[222].

Logo, impõe-se novo paradigma jurídico contratual, o qual contemple a indeterminação de disposições ou cláusulas contratuais, na prática, as quais se definirão ao longo da execução prolongada, em que exsurge, necessariamente, espaço para atuação e utilização do princípio da boa-fé objetiva, por exemplo, como forma de acomodação dos interesses de ambas as partes contratantes[223].

Desse modo, Ruy Rosado de Aguiar Junior tem definido os negócios *per relationem* como "o negócio jurídico perfeito e incompleto, no qual a determinação do seu conteúdo ou de alguns dos seus elementos essenciais se realiza mediante a remissão a elementos estranhos ao mesmo"[224]. Definição mais abrangente que a fornecida por Guido Alpa, por exemplo, o qual assevera que

---

219 AGUIAR JÚNIOR, Ruy Rosado de. Contratos relacionais, existenciais e de lucro, cit., p. 97.

220 AGUIAR JÚNIOR, Ruy Rosado de. Contratos relacionais, existenciais e de lucro, cit., p. 97.

221 AGUIAR JÚNIOR, Ruy Rosado de. Contratos relacionais, existenciais e de lucro, cit., p. 97.

222 LORENZETTI, Ricardo Luis. *Tratado de los contratos*, 1999, t. 1, p. 51.

223 AGUIAR JÚNIOR, Ruy Rosado de. Contratos relacionais, existenciais e de lucro, cit., p. 98.

224 AGUIAR JÚNIOR, Ruy Rosado de. Contratos relacionais, existenciais e de lucro, cit., p. 98.

"há contrato relacional quando as partes referem um precedente, já estipulado, ao qual se faz reenvio para completar o que está sendo celebrado"[225].

Na verdade, o termo *relatio* refere-se à remissão que se faz às circunstâncias alheias nesses contratos[226], cujo modelo seria o melhor adaptado às contratações interempresariais, notadamente, pela problemática da gestão dos riscos e incertezas. Exige-se, nesse contexto, praticamente, eterna manutenção, renegociações, ou seja, flexibilidade contratual, especialmente, nos casos em que se mantêm cláusulas em branco para permitir eventual renegociação, as quais poderiam até ser consideradas nulas ou anuláveis pela teoria clássica[227].

Nos chamados contratos relacionais, primeiramente, busca-se a renegociação diante da superveniência de acontecimentos que alterem as circunstâncias. Uma vez que a renegociação seja frustrada, surge a possibilidade de revisão contratual pelo árbitro ou juiz. Neste caso, aplicam-se princípios e cláusulas gerais a fim de garantir-se a justiça contratual, especialmente, a função social do contrato e a boa-fé objetiva[228].

Estão os contratos relacionais em lado oposto àqueles em que vigora o isolacionismo, ou seja, em que há baixo envolvimento pessoal, de natureza majoritariamente oral e restrito à transação, mesmo sendo a ideia de isolamento relativa, o que não se nega. Situam-se mais no plano de contratos que, ao deixarem lacunas a serem preenchidas de acordo com planificações de procedimentos destinados justamente a isso, exigem maior interação entre as partes[229].

Nos contratos relacionais, substitui-se qualquer tipo de egoísmo por cooperativismo, especialmente na medida em que a cada situação há oportunidades para reavaliações ao longo da relação continuada, notadamente, à luz da boa-fé objetiva[230].

Ruy Rosado de Aguiar Júnior assevera que a incompletude contratual aumenta o risco, ampliando, proporcionalmente, a exigência de ação cooperativa,

---

225 ALPA, Guido. *Manuale di diritto privato.* 4. ed. Padova: Cedam, 2005. p. 639.

226 LÓPES FRÍAS, Ana. *Los contratos conexos:* estúdios de supuestos concretos y ensayo de una constructión doctrinal. Barcelona: Bosch, 1994. p. 290.

227 MACARIO, Francesco. Le soprawenienze. In: ROPPO, Vincenzo (Coord.). *Trattato del contratto:* rimedi 2. Milano: Giuffrè, 2006. v. 5, p. 736 e ss.

228 AGUIAR JÚNIOR, Ruy Rosado de. Contratos relacionais, existenciais e de lucro, cit., p. 99.

229 AGUIAR JÚNIOR, Ruy Rosado de. Contratos relacionais, existenciais e de lucro, cit., p. 99.

230 MACARIO, Francesco. Le soprawenienze, cit., p. 736.

o que levaria à reformatação do excessivo formalismo interpretativo[231]. Com a devida vênia, cremos que mais acertado seria reconhecer que os eventuais riscos sempre estão lá presentes e não são aumentados, sequer diminuídos, pelo fato de os contratos serem incompletos por natureza, haja vista a limitação da racionalidade humana, sobretudo.

De todo modo, concordamos que a incompletude contratual leve à necessidade de cooperação como forma de prevenção e mesmo resolução de crises contratuais de variadas sortes, especialmente nos contratos relacionais, considerada sua duração prolongada.

Disso decorre que se deve admitir a interferência externa na definição do conteúdo do contrato, notadamente, na figura de um terceiro, seja árbitro ou juiz, devidamente indicado pelas partes que poderá, imparcialmente, auxiliar as partes a moverem-se adiante em caso de discordância[232].

Nessa linha de raciocínio, mais valiosos são os mecanismos ou técnicas de negociação ou renegociação e revisão contratual que eventual invalidação (por anulação ou nulidade) ou resolução contratuais. Assim sendo, verifica-se no art. 479 do Código Civil Brasileiro de 2002, o qual dispõe sobre a onerosidade excessiva, instrumentalização ao espírito relacional, na medida em que fomenta renegociação entre as partes contratantes para alteração equitativa de certas condições contratuais[233].

Faz-se a ressalva de que os contratos relacionais não devam ser confundidos com contratos duradouros, em que pese sempre aludirmos a essa característica desse tipo contratual. Assim, contratos de longa duração que tenham objeto e demais obrigações totalmente definidas *a priori*, sem perspectiva de mutação, não podem ser classificados como relacionais, dotados de flexibilidade e "aberturas" intencionalmente preexistentes[234].

Se enxergarmos a obrigação como um processo, o que foi ineditamente desenvolvido no Brasil por Clóvis Veríssimo do Couto e Silva[235], ou seja, algo que está em eterno estado de aperfeiçoamento dinâmico, podemos entender

---

231 AGUIAR JÚNIOR, Ruy Rosado de. Contratos relacionais, existenciais e de lucro, cit., p. 99.

232 AGUIAR JÚNIOR, Ruy Rosado de. Contratos relacionais, existenciais e de lucro, cit., p. 99.

233 AGUIAR JÚNIOR, Ruy Rosado de. Contratos relacionais, existenciais e de lucro, cit., p. 99-100.

234 FORGIONI, Paula A. *Contrato de distribuição*, cit., 2005, p. 74, nota 64.

235 COUTO E SILVA, Clóvis Veríssimo do. *A obrigação como processo*. São Paulo: J. Bushatsky, 1976. p. 214.

melhor a ideia dos contratos relacionais. Exige-se, sobremaneira, que as partes estejam sempre próximas para que a renegociação tenha lugar quando necessário. Por isso mesmo que há forte intervenção do princípio da boa-fé objetiva, sendo sempre adequada a presença da cláusula de *hardship*.

Sobre esse aspecto temos a lição de Antonio Junqueira de Azevedo, que tratou dos negócios jurídicos *per relationem*, especificando que o conteúdo dos negócios substancialmente *per relationem* são aqueles cujo conteúdo será determinado por outros negócios futuros a serem realizados pelas partes. Diferenciando-os de outros negócios *per relationem*, os quais podem ter seu conteúdo em outros negócios ou atos jurídicos, havendo a eles simples remissão[236].

Marcos Venício Chein Feres e João Paulo Torres Dias tratam dos contratos relacionais sob um viés habermasiano, partindo de paradigma procedimental discursivo, conforme mencionaremos no capítulo que tratará da boa-fé objetiva no âmbito dos contratos relacionais. Contudo, tais autores ligam diretamente os contratos relacionais aos contratos de consumo, confundindo-os com os contratos cativos de longa duração, o que, a nosso ver, trata-se de equívoco. Vejamos o que dispões, *in verbis*:

> Submeter relações obrigacionais a esse paradigma procedimental/discursivo é condição essencial para se alcançar a solução justa para os conflitos consumeristas derivados do que se denominam "contratos cativos de longa duração" ou "contratos relacionais"[237].

Conforme asseverado, não nos pareceu a melhor opção técnica igualar os contratos relacionais aos chamados contratos cativos, os quais, necessariamente, segundo conceituação forjada por Cláudia Lima Marques[238], tratam de cadeia de fornecimento, envolvendo fornecedores organizados que mantêm a dependência dos consumidores, ou seja, são contratos de consumo, o que não é uma característica ínsita e obrigatória aos contratos relacionais.

---

[236] AZEVEDO, Antonio Junqueira de. *Negócio jurídico:* existência, validade e eficácia. 2. ed. São Paulo: Saraiva, 1986. p. 156; AZEVEDO, Antonio Junqueira de. Contrato de distribuição – Causa final dos contatos de trato sucessivo – Resilição unilateral e seu momento de eficácia – interpretação contratual – Negócio *per relationem* e preço determinável – Conceito de "compra" de contrato e abuso de direito. *Revista dos Tribunais,* São Paulo, v. 93, n. 826, ago. 2004. p. 128.

[237] FERES, Marcos Vinício Chein; DIAS, João Paulo Torres. Teoria geral dos contratos relacionais, p. 179.

[238] MARQUES, Cláudia de Lima. *Contratos no Código de Defesa do Consumidor,* cit., 2. ed., p. 79.

1.8 Conclusão parcial

Portanto, a teoria dos contratos relacionais formulada por Ian R. Macneil surgiu como necessidade de se reconhecer e desenvolver o Direito Contratual que não mais poderia se basear nos paradigmas clássico e neoclássico para dar algumas respostas exigidas pela sociedade complexa da atualidade, permeada por relações econômicas "pós-modernas"[239].

Em termos aproximados, concomitantemente ao desenvolvimento da teoria dos contratos relacionais, surgem novas e outras figuras contratuais, as quais, em que pese não se confundirem com a primeira, a ela relacionam-se, como é o caso dos contratos-quadro, dos contratos coligados e das redes contratuais, dos contratos incompletos e dos contratos de longo prazo, ao contrário dos contratos descontínuos, os quais aparecem como figura antagonista aos primeiros.

Aliás, são, em verdade, uma das razões do nascimento da teoria dos contratos relacionais porque a doutrina que os baseava, Direito Contratual Clássico e Direito Contratual Neoclássico, já não dispunha de ferramentas hábeis a conformar situações da vida contemporânea.

Dessa forma, enquanto os contratos clássicos ou neoclássicos centralizam-se na promessa, focando na realização máxima individual da parte (*utility-maximizing*)[240], os contratos relacionais compatibilizam-se com interações que se protraem no tempo e contêm cláusulas propositadamente abertas e incompletas, de natureza programática, ressaltando o processo obrigacional[241] e a autocomposição nas situações de crise.

Características que exigem a presença de forma intensa da boa-fé objetiva para assentamento e funcionamento de toda a engrenagem que compõem os contratos relacionais. Assim, no próximo capítulo, passaremos à análise da boa-fé objetiva.

---

239 MARQUES, Cláudia Lima. *Contratos de defesa do consumidor*, cit., 4. ed., p. 969.

240 MACNEIL, Ian R. Contracts: adjustment of long-term economic relations under classical, neoclassical, and relational contract law, cit.

241 LORENZETTI, Ricardo Luis. Esquema de uma teoria sistemática del contrato. *Revista de Direito do Consumidor*, São Paulo: RT, v. 33, jan. 2001. p. 68.

2
A BOA-FÉ OBJETIVA

2.1 Escorço histórico

Sem fugir do que ocorre com muitos de nossos institutos jurídicos, a boa-fé tem raízes romanas, em que seu conceito parecia ser equívoco: no Direito Real, era subjetivo, enquanto, no Direito Obrigacional, era objetivo. Apesar disso, havia doutrinadores que defendiam a unicidade conceitual, de modo que a boa-fé representaria a exteriorização de um só significado[242].

Possivelmente, tal discussão se deve ao fato de que a expressão "boa-fé" seja semanticamente "vaga" ou "aberta" e, por isso, carecedora de concretização, portanto, contextualização, já que se liga às circunstâncias ou "fatores vitais" determinantes do contexto de sua aplicação[243]. Isso não significa dizer que não haja um conteúdo mínimo na expressão "boa-fé", qual seja: o *honeste vivere* ciceroniano. Contudo, a determinação específica desse conceito será sempre "relacional" aos demais aspectos da circunstância em que se insere[244].

---

242 CORRADINI, Domenico. *Criterio della buona fede e la scienza del diritto privatto*. Milano: Giuffrè, 1970. p. 113-119.

243 MARTINS-COSTA, Judith. Os campos normativos da boa-fé objetiva: as três perspectivas do direito privado brasileiro. In: AZEVEDO, Antonio Junqueira de; TÔRRES, Heleno Taveira; CARBONE, Paolo (Coord.). *Princípios do novo Código Civil brasileiro e outros temas* – homenagem a Tullio Ascarelli. 2. ed. São Paulo: Quartier Latin, 2010. p. 394.

244 MARTINS-COSTA, Judith. Os campos normativos da boa-fé objetiva: as três perspectivas do direito privado brasileiro, cit., p. 394.

Fazendo-se um corte temporal, devido à influência que teve o *Code* de Napoleão sobre variadas legislações continentais europeias e por todo Ocidente, interessante verificarmos que a Escola da Exegese não conferiu aplicação ampla ao artigo 1.135, que definiu o princípio da boa-fé. Sem dúvidas, fator determinante para tal rasa aplicação foi a separação dos poderes de Montesquieu, responsável por minimizar a criação jurisprudencial na França daquela época[245].

A Escola Pandectista alemã, ultrapassando a Escola da Exegese, tem na boa-fé um conceito indefinido, sobretudo pelo fato de ser considerado caracteristicamente ético, o que, por outra via, resultou no mesmo efeito da não aplicação profunda do instituto, exceção ao Direito das Coisas, notadamente, nos campos das teorias da usucapião e aquisição de frutos[246].

A situação altera-se com os movimentos de codificações continentais europeias da primeira metade do século XX, notadamente, o Código Civil alemão[247], com seu § 242, que ratificava as disposições do § 157, o qual determinava que a interpretação dos negócios jurídicos se desse de acordo com a boa-fé, lavando-se em conta os usos de tráfico, viabilizando o reconhecimento de uma nova fonte obrigacional autônoma de direitos e deveres. Tratava-se do epicentro que ensejou uma concepção totalmente nova da própria relação obrigacional[248], ponto que retomaremos em tópico mais adiante.

---

245 COUTO E SILVA, Clóvis Veríssimo do. O princípio da boa-fé no direito brasileiro e português. In: FRADERA, Véra Maria Jacob de (Org.). *O direito privado na visão de Clóvis do Couto e Silva*. Porto Alegre: Livraria do Advogado, 1997. p. 35. O autor aproveita para comentar que o princípio da separação dos poderes foi impulsionador, em sua forma mais radical, ao imperialismo cultural imposto pela França, na medida em que restringia, juntamente com o princípio da sujeição do juiz à "vontade" legislativa, possibilidades de acomodação e criação daquilo que se legislava, conforme circunstâncias e locais da correlata aplicação.

246 COUTO E SILVA, Clóvis Veríssimo do. O princípio da boa-fé no direito brasileiro e português, cit., p. 36.

247 Insta notar que, no BGB e no ordenamento jurídico alemão, no geral, há definitiva distinção entre boa-fé subjetiva e boa-fé objetiva, a começar pelo próprio aspecto linguístico, já que se utilizam, inclusive, expressões totalmente distintas para designar uma e outra, sendo*Treu und Glauben* para a boa-fé objetiva e *guter Glaube* para a boa-fé subjetiva (MENEZES CORDEIRO, António Manuel da Rocha e. *Da boa-fé no direito civil*, cit., 2001, p. 327.

248 COUTO E SILVA, Clóvis Veríssimo do. O princípio da boa-fé no direito brasileiro e português, cit., p. 36-37.

A boa-fé objetiva é, antes de qualquer coisa, um princípio jurídico, o qual, como todos os demais, aplica-se em cotejo com outros princípios. Cabem aqui algumas considerações: legislativamente, a boa-fé objetiva caracteriza-se como cláusula geral, notadamente, pelo fato de as cláusulas gerais tratar-se de técnica legislativa que "captura", "expressa" ou "encerra" um princípio[249].

Além disso, ser uma cláusula geral não retira a natureza principiológica da boa-fé objetiva, eis que a expressão "princípio" pode ser entendida como uma espécie do gênero "norma jurídica". Portanto, dependendo do campo de atuação da boa-fé objetiva, diferentes feições poderão ser apresentadas, cada qual se enquadrando em uma de suas diversas funções[250].

Judith Martins-Costa sugere comprovar o que fora asseverado anteriormente pela comparação entre as feições e funções do princípio da boa-fé objetiva em três campos jurídicos[251] distintos: (i) direito do consumidor; (ii) o que denominou de "direito comum"; e (iii) o direito empresarial[252].

A boa-fé objetiva teve chegada tardia ao ordenamento jurídico brasileiro. Apenas contemplou-a o Código de Defesa do Consumidor de 1990, sendo certo que o Código Civil Brasileiro de 1916 não continha regramento acerca da boa-fé obrigacional. Judith Martins-Costa não despreza a existência de alusão à boa-fé objetiva no artigo 130 do Código Comercial de 1850, que a tratava como cânone hermenêutico dos contratos, ao que referiremos em subcapítulo próprio na sequência deste trabalho. Entretanto, a autora afirma que esse dispositivo legal jamais exerceu função de cláusula geral, sendo, na verdade, "letra morta"[253].

---

249 MARTINS-COSTA, Judith. Os campos normativos da boa-fé objetiva: as três perspectivas do direito privado brasileiro, cit., p. 394-395.

250 MARTINS-COSTA, Judith. Os campos normativos da boa-fé objetiva: as três perspectivas do direito privado brasileiro, cit., p. 394-395.

251 Pierre Bourdieu atribui a campo o significado de porção do mundo social regido por leis e códigos próprios, onde há relações de dominação e de conflitos (BOURDIEU, Pierre. *Raisons sur la théorie de l'action*. Paris: Éditions du Seuil, 1994. p. 53).

252 MARTINS-COSTA, Judith. Os campos normativos da boa-fé objetiva: as três perspectivas do direito privado brasileiro, cit., p. 395.

253 Judith Martins-Costa baseia-se no fato de terem sido raras as decisões judiciais fundamentadas no artigo 130, I, as quais pudessem ter atribuído à boa-fé o seu sentido objetivo, do qual tratamos atualmente (Cf.: MARTINS-COSTA, Judith. Os campos normativos da boa-fé objetiva: as três perspectivas do direito privado brasileiro, cit., p. 396).

O panorama não se alterou até meados dos anos 1980, com raras e excepcionais citações, especialmente, doutrinárias, à semelhança do que ocorreu na esfera do direito italiano e contrariamente ao que se deu no direito alemão, no qual o instituto da boa-fé objetiva já havia ganhado a importância que, de fato, merecia[254]. De qualquer forma, o Código Civil italiano, assim como fez anteriormente o Código Civil Alemão (BGB), já dispunham largamente sobre o instituto[255].

Muito da evolução do instituto da boa-fé objetiva no direito brasileiro se deve a Clóvis do Couto Silva. Apoiado na doutrina italiana, especialmente, Emílio Betti – pioneiro em referir à aplicação objetiva do princípio[256] –, na doutrina portuguesa e na civilística alemã, o professor gaúcho foi responsável por separar a boa-fé em suas perspectivas subjetiva e objetiva, referindo-se às suas possíveis aplicações principiológicas potencialmente transformadoras[257].

Faz-se mister observarmos que Clóvis do Couto e Silva, já em 1964, apontava a boa-fé objetiva como cláusula geral, inserida no contexto do adimplemento contratual para além de sua letra fria, mas como significado de "prestação satisfativa", na qual a função social e o programa contratual deveriam ser observados. A boa-fé objetiva era, então, fonte de criação de deveres anexos[258].

Depois, concomitantemente à aludida inclusão legislativa da boa-fé objetiva no ordenamento jurídico brasileiro pela via do Código de Defesa do Consumidor, notadamente, em seus arts. 4º, inciso III, como princípio propriamente dito, e 51, inciso IV, como critério de verificação de existência de cláusulas abusivas

---

254 ALPA, Guido. I principi generali. In: IUDICA, G.; ZATTI, P (Org.). *Tratato di diritto privato.* Milano: Giuffrè, 1993. p. 296.

255 COUTO E SILVA, Clóvis Veríssimo do. O princípio da boa-fé no direito brasileiro e português, cit., p. 34.

256 COUTO E SILVA, Clóvis Veríssimo do. O princípio da boa-fé no direito brasileiro e português, cit., p. 33.

257 COUTO E SILVA, Clóvis Veríssimo do. O princípio da boa-fé no direito brasileiro e português. In: *Estudos de direito civil brasileiro e português.* São Paulo: RT, 1986. p. 43.

258 COUTO E SILVA, Clóvis Veríssimo do. *A obrigação como processo*, cit., 1964. Cabe ressalvar que Judith Martins-Costa prefere denominar os "deveres anexos" de "deveres instrumentais", no intuito de reforçar o aspecto de sua instrumentalidade, tendo em vista o escopo econômico social que o contrato deve viabilizar, enquanto veste jurídica de uma operação econômica que é (MARTINS-COSTA, Judith. Os campos normativos da boa-fé objetiva: as três perspectivas do direito privado brasileiro, cit., p. 397).

nos contratos de consumo, a jurisprudência pátria, especialmente, a do Tribunal de Justiça do Rio Grande do Sul, descobriu o amplo espectro de aplicação e correlato potencial transformador que a boa-fé objetiva ostentava, entendendo-a como "ordem de cooperação" entre as partes, indo também muito além das funcionalidades específicas de uma relação de consumo[259].

Há dispositivos normativos ancestrais em nosso ordenamento jurídico que continham elementos afetos à figura da boa-fé objetiva, como os alvarás reais do século XVIII, o já citado Código Comercial de 1850, em seu art. 131, e o Anteprojeto das Obrigações de 1941. Contudo, o grande marco da evolução recente do referido princípio no Brasil foi o Código de Defesa do Consumidor[260].

O entrelaçamento entre a figura da boa-fé objetiva e o direito comercial ratifica o que já foi asseverado alhures, haja vista ter sido incipientemente prevista na legislação pátria no Código Comercial de 1850, em seu art. 131. Entretanto, até pelo fato de o próprio diploma comercial de 1850 ter sido produção legislativa à frente de seu tempo, a doutrina costumou dar à boa-fé objetiva presente em seu art. 131 a conotação subjetiva, como fez Carvalho de Mendonça[261].

O embrião, portanto, é concebido em ambiente comercial, no entanto, o ponto de inflexão do instituto da boa-fé objetiva no Brasil é tido em seio consumerista, especialmente, arts. 4º, inciso III, e 51, inciso IV, todos do Código de Defesa do Consumidor, os quais teriam consagrado a ideia da boa-fé objetiva em nosso sistema jurídico recentemente.

Não porque a boa-fé objetiva tenha mais a ver com o direito do consumidor que com outras áreas do direito, especialmente, na seara obrigacional[262], mas pelo fato de que, à época de concepção do diploma consumerista, a

---

259 MARTINS-COSTA, Judith. Os campos normativos da boa-fé objetiva: as três perspectivas do direito privado brasileiro, cit., p. 398.

260 AZEVEDO, Antonio Junqueira de. Considerações sobre a boa-fé objetiva em acordo de acionistas com cláusula de preferência: excertos teóricos de dois pareceres. In: AZEVEDO, Antonio Junqueira de. *Novos estudos e pareceres de direito privado*, cit., p. 126.

261 MENDONÇA, J. X. Carvalho de. *Tratado de direito comercial brasileiro*. 3. ed. Rio de Janeiro: Freitas Bastos, 1939. v. VI, Livro IV, Parte I, p. 211.

262 Clóvis do Couto e Silva considera que o *habitat* natural da boa-fé (objetiva) seja o Direito Obrigacional, com o que concordamos, *in verbis*: "Parece, pois, importante circunscrever o tema ao Direito Obrigacional, onde a boa-fé constitui-se no elemento que, em muitos países, operou verdadeira transformação jurídica, através da doutrina e do Poder Judiciário" (COUTO E SILVA, Clóvis Veríssimo do. O princípio da boa-fé no direito brasileiro e português, cit., p. 33).

comunidade jurídica pátria já estivesse madura a ponto de assimilar tal princípio e buscar sua aplicação concreta à realidade (contratual)[263]. Passadas mais de duas décadas, o panorama se transformou e a boa-fé objetiva ganhou maior penetração e contornos de relevo, do que passamos a tratar.

2.2 Alguns contornos do instituto

Quando tratamos da boa-fé, partimos de uma dicotomia básica do instituto que se divide entre os aspectos subjetivo e objetivo. O primeiro diz com o liame interno-psíquico do agente, representando suas intenções, não suas ações[264].

Antonio Junqueira de Azevedo entende que a boa-fé objetiva possa ser dividida em dois níveis, um primeiro, dito elementar, de natureza negativa. Explique-se: consiste em um dever de não agir com má-fé. E um segundo nível de característica positiva, no qual se incluem uma série de deveres, como informar, manter informado o parceiro, cooperar, ser leal, entre alguns outros[265].

Interessante notar que o Direito visa proteger o indivíduo que age de boa--fé (subjetiva) e apenar aquele que age de má-fe (dolo), sendo certo que, em um ou em outro momento, com variações a depender do local e da respectiva legislação, o pêndulo encontra-se mais próximo de um ou outro ponto. Ora busca-se mais a proteção e cuidado daquele que está de boa-fé, ora foca-se mais em apenar comportamentos dolosos[266].

Tratamos, neste trabalho dissertativo, de aspectos da boa-fé objetiva, conforme o próprio título já denota (A boa-fé objetiva no âmbito dos contratos relacionais), que é um princípio contratual posto no ordenamento jurídico por meio de uma cláusula geral (art. 422 do Código Civil Brasileiro), que deve ser

---

[263] AZEVEDO, Antonio Junqueira de. Considerações sobre a boa-fé objetiva em acordo de acionistas com cláusula de preferência: excertos teóricos de dois pareceres. In: AZEVEDO, Antonio Junqueira de. *Novos estudos e pareceres de direito privado*, cit., p. 130.

[264] SCHREIBER, Anderson. A proibição de comportamento contraditório – Tutela da confiança e *venire contra factum proprium*. 2. ed. Rio de Janeiro: Renovar, 2007. p. 82.

[265] AZEVEDO, Antônio Junqueira de. *Estudos e pareceres de direito privado*. São Paulo: Saraiva, 2009. p. 99.

[266] A este respeito, vale conferir o que alude Menezes Cordeiro sobre a ocorrência no caso português (MENEZES CORDEIRO, António Manuel da Rocha e. *Da boa-fé no direito civil*. Coimbra: Almedina, 2001. p. 510 e ss.).

interpretada levando-se em consideração cada caso concreto, a fim de exporem-se as obrigações que dela atingem as partes[267].

A mesma infiltração que o instituto teve no Direito brasileiro, principalmente, após a vigência do Código Civil Brasileiro de 2002, encontra-se no Direito estrangeiro, como no Código Civil Português (artigo 227, n. 1); Código Civil Alemão - BGB (§§ 157 e 242); Código Civil Francês (artigo 1.134, 3ª alínea) e Código Civil Italiano (artigos 1.337, 1.366 e 1.375), entre outras legislações continentais europeias.

Em termos de *common law*, apesar da menor expressividade codificante, encontramos disposição explícita sobre a boa-fé objetiva no *Uniform Commercial Code* norte-americano (artigos 1.7, 4.8, 5.1.2). Particularmente, traz uma definição para o que seja a boa-fé que deve ser imposta a toda obrigação por ele regida. Há uma abertura, nessa legislação, a que as próprias partes estabeleçam os padrões de conduta dentro da boa-fé, desde que não fujam da razoabilidade, o que é algo inusitado sob o ponto de vista da tradição romano-germânica ligada à figura da boa-fé objetiva[268].

Não só na *hard law*, mas também na *soft law*, encontra-se disposição sobre a boa-fé objetiva, haja vista os chamados Princípios do UNIDROIT, ditando que se deve seguir a boa-fé e a lealdade no agir, também a ser observada na interpretação dos contratos e controle de seus conteúdos, impedindo que tal dever seja mitigado ou ignorado (arts. 1:106 e 1:201).

Assim, vê-se a penetração do instituto de forma abrangente. No Brasil, pela via do art. 422 do Código Civil Brasileiro, trata-se de norma de ordem pública, ou seja, pode ser aplicada *ex officio*, conforme Enunciado n. 363 da IV Jornada de Direito Civil do Centro de Estudos Judiciários do Conselho da Justiça Federal[269].

---

[267] AZEVEDO, Antonio Junqueira de. General Clauses and Standards in European Contract Law. In: *Estudos e pareceres de direito privado*, cit., p. 60. O autor salienta que o "caso concreto" é o centro das atenções na modernidade, passando o foco da lei ao juiz julgador.

[268] GHESTIN, Jacques. L'analyse économique de la clause générale. In: GRUNDMANN, Stefan; MAZEAUD, Denis (Org.). *General clauses and standards in European contract law - comparative law, EC law and contract law codification*. The Hague: Kluwer Law International, p. 165-188, 2006. p. 169 e ss.

[269] Enunciado n. 363 da IV Jornada de Direito Civil do Centro de Estudos Judiciários do Conselho da Justiça Federal: Art. 422: Os princípios da probidade e da confiança são de ordem pública, estando a parte lesada somente obrigada a demonstrar a existência da violação.

Sobre a aplicação da boa-fé objetiva no Brasil, temos, ironicamente, importantes comentários do jurista alemão Jan Peter Schmidt, que faz breve contraste com a ocorrência alemã.

Outro contraste elucidativo da figura da boa-fé no Brasil com o Direito estrangeiro poderá ser feito à luz de recente decisão da Suprema Corte do Canadá que mudou, emblematicamente, seu entendimento sobre a boa-fé.

Passamos a tratar dos pontos supracitados nos dois parágrafos imediatamente anteriores nos dois próximos tópicos.

2.2.1 Comentários de Jan Peter Schmidt sobre a aplicação da boa-fé objetiva na práxis judicial brasileira

Interessante observarmos posicionamento de Jan Peter Schmidt sobre a aplicação da boa-fé objetiva na práxis judicial brasileira. *Ab initio*, há que se remeter à distinção que o jurista alemão faz entre os estilos brasileiro e germânico de estudar as decisões judiciais, sendo que na Alemanha essa atividade exerce papel fundamental de balizamento das relações entre a doutrina e a jurisprudência, o que ainda é pouco comum no Brasil[270].

Os alemães costumam ser muito mais concisos e mesmo duros ao criticarem decisões judiciais de variados escalões, o que não significa que sejam de caráter destrutivo os comentários, de modo que não existe sequer uma ruptura entre a dogmática e a jurisprudência. Ocorre que a doutrina não deixa de exercer seu papel de indicar caminhos e soluções, com base em críticas de casos julgados outrora[271].

No caso específico da boa-fé objetiva, por exemplo, houve severas críticas à atividade judicial para evitar-se a formação de uma "jurisprudência de equidade", o que se expandiu para as cláusulas gerais, como um todo. Schmidt, então, ressalva que suas observações, se um tanto rigorosas, baseiam-se na experiência dos comentários germânicos, experiência que, segundo o pesquisador, foi bem-sucedida[272].

---

[270] Resenha de Otavio Luiz Rodrigues Jr. acerca da palestra intitulada "Dez anos do artigo 422 do Código Civil – Luz e sombra na aplicação do princípio da boa-fé na práxis judicial brasileira", proferida na Faculdade de Direito do Largo São Francisco, no dia 4 de dezembro, por Jan Peter Schmidt, tomando por base o texto original do autor em referência.

[271] Resenha de Otavio Luiz Rodrigues Jr. acerca da palestra intitulada "Dez anos do artigo 422 do Código Civil – Luz e sombra na aplicação do princípio da boa-fé na práxis judicial brasileira", cit.

[272] Resenha de Otavio Luiz Rodrigues Jr. acerca da palestra intitulada "Dez anos do artigo 422 do Código Civil – Luz e sombra na aplicação do princípio da boa-fé na práxis judicial

Sua análise se deu no âmbito de acórdãos do Superior Tribunal de Justiça. Schmidt colocou problemas quanto ao conceito de boa-fé objetiva que se utiliza, em palestra proferida na Faculdade de Direito da Universidade de São Paulo, no dia 4 de dezembro de 2014, intitulada "Dez anos do artigo 422 do Código Civil – Luz e sombra na aplicação do princípio da boa-fé na práxis judicial brasileira"[273].

Otavio Luiz Rodrigues Junior resenhou a referida palestra, utilizando como base os escritos de Schmidt que nortearam suas considerações na conferência. E formulou tópicos para organizar o pensamento do autor alemão[274].

Primeiramente, trata da "utilização retórica da boa-fé objetiva". A partir da análise de dados colhidos junto ao Superior Tribunal de Justiça, verifica-se que os tribunais locais utilizam a boa-fé objetiva em milhares de casos, a ponto de suscitar dúvidas quanto à real pertinência de sua utilização em tantas decisões. Seria a boa-fé objetiva tão relevante?[275]

Quando se verticaliza o estudo dos casos em comento, constata-se a utilização retórica da boa-fé objetiva, sobretudo diante da existência de outros dispositivos legais que poderiam, tecnicamente, ser utilizados para resolução da lide *sub judice*. Os casos mais estudados referem-se aos vícios redibitórios e aos prazos de garantia, em meio aos quais o órgão julgador utilizou o instituto da boa-fé objetiva para garantir eventuais direitos aos adquirentes[276].

Invocam-se os chamados deveres de informação ou a quebra de expectativas. Ocorre que a venda viciada pelo fato de o item consumido apresentar defeito é simplesmente traduzida pelo inadimplemento de uma obrigação contratual, que enseja a aplicação da correlata regra do Código Civil que disciplina

---

brasileira", cit.

273 Resenha de Otavio Luiz Rodrigues Jr. acerca da palestra intitulada "Dez anos do artigo 422 do Código Civil – Luz e sombra na aplicação do princípio da boa-fé na práxis judicial brasileira", cit.

274 Resenha de Otavio Luiz Rodrigues Jr. acerca da palestra intitulada "Dez anos do artigo 422 do Código Civil – Luz e sombra na aplicação do princípio da boa-fé na práxis judicial brasileira", cit.

275 Resenha de Otavio Luiz Rodrigues Jr. acerca da palestra intitulada "Dez anos do artigo 422 do Código Civil – Luz e sombra na aplicação do princípio da boa-fé na práxis judicial brasileira", cit.

276 Resenha de Otavio Luiz Rodrigues Jr. acerca da palestra intitulada "Dez anos do artigo 422 do Código Civil – Luz e sombra na aplicação do princípio da boa-fé na práxis judicial brasileira", cit.

e cuida do assunto, de modo que a invocação da boa-fé objetiva se faz desnecessária ou tecnicamente imprecisa[277].

Schmidt refere a vivência de crise semelhante na Alemanha no período após a vigência do BGB de 1900, especialmente, na fase de balizamento da utilização do artigo 242. Tanto que faz menção a comentários de Justus Wilhelm Hedemann dando conta de que a utilização da boa-fé objetiva nas decisões de tribunais alemães era o esporte preferido daqueles juristas. Era como se as decisões recebessem um ornamental carimbo ou selo da boa-fé. Esse autor chegou a escrever o livro "A fuga para as cláusulas gerais: um perigo para o Direito e para o Estado, em que tece os supracitados comentários[278].

Alude, ainda, a um questionamento: é explícita e comprovada a utilização ornamental da boa-fé como substrato atécnico para resolver crises concretas de direito, mas que efeito negativo tal prática poderia trazer ao sistema, já que, a princípio, é inofensiva?

A resposta encontrada demonstra que o uso retórico e atécnico da boa-fé objetiva pode trazer consequências negativas ao sistema jurídico e à sociedade por via reflexa. Inicialmente, existe a dificuldade de se verificar se o caso foi realmente decidido com base na boa-fé. Além disso, há tendência à vulgarização do instituto. Mas a pior possível consequência seria a generalização da aplicação da boa-fé, que poderia ocasionar em decisões erradas[279].

Schmidt cita o exemplo de uma venda com vício redibitório do objeto da prestação. Se a eventual condenação do vendedor tiver como base a boa-fé, desprezando-se o artigo do Código Civil que já seria suficiente para tratar do tema, conforme agora explicitado, significaria que tal dispositivo legal fosse dispensável, gerando insegurança jurídica e perturbação do sistema jurídico[280].

---

[277] Resenha de Otavio Luiz Rodrigues Jr. acerca da palestra intitulada "Dez anos do artigo 422 do Código Civil – Luz e sombra na aplicação do princípio da boa-fé na práxis judicial brasileira", cit.

[278] Resenha de Otavio Luiz Rodrigues Jr. acerca da palestra intitulada "Dez anos do artigo 422 do Código Civil – Luz e sombra na aplicação do princípio da boa-fé na práxis judicial brasileira", cit.

[279] Resenha de Otavio Luiz Rodrigues Jr. acerca da palestra intitulada "Dez anos do artigo 422 do Código Civil – Luz e sombra na aplicação do princípio da boa-fé na práxis judicial brasileira", cit.

[280] Resenha de Otavio Luiz Rodrigues Jr. acerca da palestra intitulada "Dez anos do artigo 422 do Código Civil – Luz e sombra na aplicação do princípio da boa-fé na práxis judicial

Vendo sob outro prisma, há vários dispositivos legais que são fruto da influência da boa-fé objetiva, como aqueles ligados aos vícios redibitórios, conforme exemplo supra, de modo que deixar de utilizá-los para invocar a boa-fé em resoluções de casos concretos seria tautológico[281].

O autor alemão ainda fala da utilização da boa-fé como "varinha de condão", de modo que os julgadores a utilizem como escada para atingirem o julgamento conforme desejem. A exemplificação dessa prática está no estudo de várias decisões que envolviam a aplicação do art. 1.093 do antigo Código Civil de 1916, correspondente ao art. 472 do Código Civil de 2002, que tratam da regra do paralelismo das formas[282].

Especificamente, fala-se que o distrato segue a forma do contrato, mas se encontram decisões que defendiam a não aplicação da regra a casos concretos, em benefício da aplicação da boa-fé, para impedir-se o *venire contra factum proprium*, a *surrectio*, a *supressio* e o *tu quoque*. Ora, se havia ou há na lei regra de requisito formal de validade, não se pode negar-lhe obediência em nome da não subserviência à lei graças à boa-fé[283].

À guisa de conclusão, Schmidt clama por uma doutrina mais crítica à jurisprudência, em detrimento de mera atividade narrativa de julgados. As luzes citadas no título da palestra estão em julgado que rejeitou a aplicação da boa-fé objetiva para reconhecer aplicação da Lei n. 6.729/1979 em caso que tratou da proibição de resilição de negócio jurídico de concessão comercial de automóveis vigente por prazo de longa duração[284].

---

brasileira", cit.

281 Resenha de Otavio Luiz Rodrigues Jr. acerca da palestra intitulada "Dez anos do artigo 422 do Código Civil – Luz e sombra na aplicação do princípio da boa-fé na práxis judicial brasileira", cit.

282 Resenha de Otavio Luiz Rodrigues Jr. acerca da palestra intitulada "Dez anos do artigo 422 do Código Civil – Luz e sombra na aplicação do princípio da boa-fé na práxis judicial brasileira", cit.

283 Luz e sombra na aplicação do princípio da boa-fé na práxis judicial brasileira", cit.

284 Resenha de Otavio Luiz Rodrigues Jr. acerca da palestra intitulada "Dez anos do artigo 422 do Código Civil – Luz e sombra na aplicação do princípio da boa-fé na práxis judicial brasileira", cit.

2.2.2 Uma histórica mudança de entendimento jurisprudencial sobre a boa-fé

A boa-fé contratual teve seu exame profundamente modificado por decisão da Suprema Corte canadense proferida no apagar das luzes do ano de 2014. Trata-se do caso conhecido como *Bhasin v. Hrynew.* Sinteticamente, a questão jurídica de fundo refere-se à ruptura anômala de contrato dito de cooperação que fora firmado entre Bhasin (pessoa física) e uma empresa canadense que comercializa a venda de fundos educacionais, a Can-Am, espécie pouco comum no Brasil, mas usual em países com sistema educacional similar ao canadense[285].

Otavio Luiz Rodrigues Junior dedicou-se a trazer o caso ao conhecimento da comunidade jurídica brasileira, sobretudo a que se dedica ao estudo do Direito Civil, ressaltando sua importância na medida em que quebra com a tradição inglesa e americana, e mesmo canadense, de mais de 100 (cem) anos, nessa seara. Por isso, o acórdão *Bhasin v. Hrynew* [2014 SCC 71] mereceu análise crítica e confronto com eventuais traços doutrinários, jurisprudenciais e legais brasileiros sobre o mesmo tema desse professor[286].

Ocorre que o mesmo objeto exercido por Bhasin também era praticado por outros concorrentes, entre eles, Hrynew, o qual se reuniu com a Can-Am no intuito de forçar a saída de Bhasin do negócio para assumir também sua posição e auferir mais ganhos. Essa prática acabou sendo exitosa, contudo, Bhasin, não conformado com as práticas adotadas por Hrynew, juntamente com a Can-Am, ingressou com ação para reverter a situação, bem como ser indenizado, baseando seus pedidos na suposta violação do dever de boa-fé[287].

A ação foi julgada procedente em primeiro grau, contrariamente ao que ocorreu na segunda instância. Desse modo, o caso foi levado a julgamento na Suprema Corte do Canadá, tendo sido relatado pelo juiz Cromwell, que fixou os pontos a serem decididos pela Corte, assim como aproveitou para referir que o instituto da boa-fé necessitava de algumas definições naquele momento,

---

[285] RODRIGUES JUNIOR, Otavio Luiz. *Suprema Corte do Canadá muda entendimento sobre a boa-fé (Parte 1).* Disponível em: <http://www.conjur.com.br/2014-dez-31/direito-comparado-suprema-corte-canada-muda-entendimento-boa-fe>. Acesso em: 10 nov. 2015.

[286] RODRIGUES JUNIOR, Otavio Luiz. *Suprema Corte do Canadá muda entendimento sobre a boa-fé (Parte 1)*, cit.

[287] RODRIGUES JUNIOR, Otavio Luiz. *Suprema Corte do Canadá muda entendimento sobre a boa-fé (Parte 1)*, cit.

a fim de afastar as interpretações sem conteúdo conciso e um tanto fragmentadas, lembrando a origem inglesa do Direito canadense[288].

Ab initio, o juiz relator não negou a existência de um dever implícito de boa-fé que incide em certas contratações, em que pese haver forte posicionamento doutrinário que sustenta a necessidade de manutenção da sistemática até então adotada naquele país, cujo Direito tem raízes inglesas. Cromwell parece tender a adotar uma via intermediária, observando vantagens em ter a boa-fé como um "princípio de organização", que deve ser operacionalizado em cotejo com outros princípios vigentes na *common law*, especialmente, no Direito dos Contratos, em que há grande realce à liberdade contratual[289].

Dessa linha de raciocínio decorre que algumas condutas (até mesmo dolosas) de um contratante, em benefício próprio, as quais causem prejuízo à contraparte, não são necessariamente violadoras do dever de boa-fé, de modo que a aplicação da boa-fé no Direito canadense não deveria transformá-la em "moralismo judicial"[290].

Adentrando à análise do mérito, o juiz relator observa que não há como concluir-se, a partir da análise do contrato entre Bhasin e Can-Am, que houvesse um dever implícito de boa-fé, estabelecendo que, apesar disso, dever-se-ia criar um novo dever, oriundo da boa-fé, o dever geral de honestidade nos contratos, que pode ser resumido pelo dever de não mentir, em linguagem rasa e clara[291].

Esse dever não interferiria na liberdade contratual, especialmente porque seria extravagante disposição contratual expressa em sentido contrário, ou seja, autorizando ou incentivando a falta de honestidade ou a mentira. Essa foi a limitação imposta pelo juiz Cromwell, segundo o qual não se estaria a colocar em risco a segurança dos negócios jurídicos nem a fomentar os dois

---

[288] RODRIGUES JUNIOR, Otavio Luiz. *Suprema Corte do Canadá muda entendimento sobre a boa-fé (Parte 2)*. Disponível em: <http://www.conjur.com.br/2015-jan-07/direito-comparado-canada-muda-entendimento-boa-fe-parte> Acesso em: 10 nov. 2015.

[289] RODRIGUES JUNIOR, Otavio Luiz. *Suprema Corte do Canadá muda entendimento sobre a boa-fé (Parte 2)*, cit.

[290] RODRIGUES JUNIOR, Otavio Luiz. *Suprema Corte do Canadá muda entendimento sobre a boa-fé (Parte 2)*, cit.

[291] RODRIGUES JUNIOR, Otavio Luiz. *Suprema Corte do Canadá muda entendimento sobre a boa-fé (Parte 2)*, cit.

fatores nocivos ao sistema jurídico (e econômico social) que a ampliação da interpretação e da aplicação da boa-fé poderia trazer consigo[292].

Ambos já foram citados anteriormente, mas, a título de ratificação, trata-se do risco de fazer da boa-fé ferramenta de exercício de "moralismo judicial *ad-hoc*" pela abertura de seu conceito e, além disso, da incompatibilidade da boa-fé com a liberdade contratual[293].

Importante destacar argumentação lateral à qual o juiz Cromwell deu muito realce em seu voto, considerando que a aceitação da boa-fé como "princípio organizador", gerador de um dever amplo de honestidade contratual, não deve ser confundida com criação de dever de "lealdade fiduciária" ou de *disclosure*. A entrega, portanto, não deve ser tal que uma parte abra mão de seus interesses em função da outra[294].

Sintetizando, o juiz relator Cromwell considerou adequada a aceitação da boa-fé objetiva no sistema jurídico canadense como um "princípio geral organizador", sem, contudo, admitir sua aplicação irrestrita e geral como forma de intervenção judicial nos contratos, evitando-se o "moralismo judicial". Além disso, negou a aplicação da boa-fé objetiva à fase pré-contratual. Ratificou a liberdade contratual, situação que se excetua quando constatadas atuações maliciosas de uma parte contratual contra a outra, como foi o caso em concreto. Negou a ocorrência do terceiro cúmplice na violação do contrato em relação a Hrynew[295].

Otavio Luiz Rodrigues Junior parte para o exame crítico do indigitado acórdão da Suprema Corte canadense, alertando para riscos que a atividade de importar conceitos jurídicos de outros sistemas pode albergar e para o fato de a expressão "boa-fé" conter significados diferentes a depender do ordenamento jurídico a que se refira[296], de sorte que o próprio juiz relator foi vítima

---

[292] RODRIGUES JUNIOR, Otavio Luiz. *Suprema Corte do Canadá muda entendimento sobre a boa-fé (Parte 2)*, cit.

[293] RODRIGUES JUNIOR, Otavio Luiz. *Suprema Corte do Canadá muda entendimento sobre a boa-fé (Parte 2)*, cit.

[294] RODRIGUES JUNIOR, Otavio Luiz. *Suprema Corte do Canadá muda entendimento sobre a boa-fé (Parte 2)*, cit.

[295] RODRIGUES JUNIOR, Otavio Luiz. *Suprema Corte do Canadá muda entendimento sobre a boa-fé (Parte 3)*. Disponível em: < http://www.conjur.com.br/2015-jan-14/direito-comparado-suprema-corte-canada-muda-entendimento-boa-fe-parte>. Acesso em: 10 nov. 2015.

[296] A este respeito, Clóvis do Couto e Silva afirma que é comum falar-se em recepção, todavia, na verdade se está referindo à adoção de um conjunto, total ou parcial, de leis de um país por outro. O fato é que todos os sistemas aproximam-se pelo fato de as situações repetirem-se

dessa "armadilha" terminológica, confundindo conceitos, deixando também de aprofundar-se pela falta de utilização da literatura alemã do século XX[297].

Observa também o quão raso foi o conteúdo do acórdão em referência, o que se exemplifica pelo entendimento da não incidência da boa-fé objetiva nas negociações preliminares. Nada obstante, assevera que, no Brasil, o resultado do julgamento, provavelmente, teria sido similar, especialmente, pela aplicação do art. 473, parágrafo único, do Código Civil de 2002. Ou, anteriormente, pela aplicação do princípio da boa-fé objetiva[298].

Otavio Luiz Rodrigues Junior especula que, o avanço jurídico brasileiro nesse ponto se deve, entretanto, a farto histórico de crises e de quebras contratuais que nos obrigou a desenvolver pensamentos que pudessem oferecer caminhos judiciais interessantes à solução de problemas dessa sorte.

Assim, o justo resultado do julgamento não foi embasado em premissas técnicas muito coerentes, talvez pelo fato de o Direito canadense, com raízes inglesas de *common law*, não ter aptidão a seguir o sistema lógico dedutivo[299].

Acrescentaríamos ao pensamento de Otavio Luiz Rodrigues Junior, com o qual concordamos *in totum*, o fato de juristas brasileiros da segunda metade do século XX, como Clóvis Veríssimo do Couto e Silva e Antonio Junqueira de Azevedo, seguidos por seus discípulos, terem estudado questões como a boa-fé objetiva também pelo viés da já referida doutrina alemã do século XX, o que implementou grande salto qualitativo acerca do instituo no país.

De todo modo, não estamos livres de incorrer na aplicação imprecisa e fragmentada da boa-fé objetiva se passarmos a considerá-la "varinha mágica" conforme aludiu Jan Peter Schmidt, consoante tratado no subcapítulo 2.2.1, supra, em detrimento de outros comandos legais ou princípios específicos que resolvam o mesmo problema com mais precisão e rigor técnico.

---

nas diferentes localidades. Nada obstante, a recepção de um único conceito é mais difícil de se notar. Ora a mesma concepção aparece em lugares diferentes, ora a recepção já foi feita (COUTO E SILVA, Clóvis Veríssimo do. O princípio da boa-fé no direito brasileiro e português, cit., p. 37-38).

[297] RODRIGUES JUNIOR, Otavio Luiz. *Suprema Corte do Canadá muda entendimento sobre a boa-fé (Parte 3)*, cit.

[298] RODRIGUES JUNIOR, Otavio Luiz. *Suprema Corte do Canadá muda entendimento sobre a boa-fé (Parte 3)*, cit.

[299] RODRIGUES JUNIOR, Otavio Luiz. *Suprema Corte do Canadá muda entendimento sobre a boa-fé (Parte 3)*, cit.

No intuito de buscar sua correta compreensão e aplicação, sem distorções ou entendimentos inapropriados, que trariam ao instituto riscos como os já aludidos, interessante estudarmos suas funções, o que fazermos no tópico subsequente.

2.3 Funções

A boa-fé objetiva desempenha três tipos de funções na seara obrigacional, quais sejam: interpretativa; supletiva; e corretiva[300].

Nada obstante, a doutrina não é uníssona ao agrupar as funções da boa-fé objetiva. Há autores que se referem às funções de concretização, criação de deveres, de limitação e de correção ou controle. Afiliamo-nos, outrossim, à corrente de Antonio Junqueira de Azevedo, especialmente em meio à seara contratual, dando conta de que, como já aludido, são três as funções "pretorianas" da boa-fé objetiva[301].

O autor utiliza a expressão "pretorianas" significando que o direito pretoriano servia para ajudar a suprir ou corrigir o direito civil. Ora, o mesmo ocorre com a aplicação da boa-fé objetiva sobre a relação contratual, ajudando a interpretá-lo e integrá-lo, exercendo, pois, função *adjuvandi* ou preencher suas lacunas, exercendo, aqui, sua função *supplendi*. Ou, ainda, para corrigir excessos, exercendo, finalmente, sua função *corrigendi*[302].

Um dos aspectos da função *adjuvandi* é que a boa-fé objetiva tanto cria deveres quanto ratifica aqueles outros que houverem sido pactuados *a priori*. Antonio Junqueira de Azevedo defende que os deveres oriundos da boa-fé objetiva sejam semelhantes aos chamados elementos naturais ou *naturalia negotii*, assim como a responsabilidade pela evicção e pelos vícios redibitórios nos contratos onerosos[303].

---

300 MORSELLO, Marco Fábio. Contratos existenciais e de lucro. Análise sob a ótica dos princípios contratuais contemporâneos, cit., p. 299.

301 AZEVEDO, Antonio Junqueira de. Considerações sobre a boa-fé objetiva em acordo de acionistas com cláusula de preferência: excertos teóricos de dois pareceres. In: AZEVEDO, Antonio Junqueira de. *Novos estudos e pareceres de direito privado*, cit., p. 132.

302 AZEVEDO, Antonio Junqueira de. Considerações sobre a boa-fé objetiva em acordo de acionistas com cláusula de preferência: excertos teóricos de dois pareceres. In: AZEVEDO, Antonio Junqueira de. *Novos estudos e pareceres de direito privado*, cit., p. 132-133.

303 AZEVEDO, Antonio Junqueira de. Considerações sobre a boa-fé objetiva em acordo de acionistas com cláusula de preferência: excertos teóricos de dois pareceres. In: AZEVEDO, Antonio Junqueira de. *Novos estudos e pareceres de direito privado*, cit., p. 133.

Ou seja, são efeitos *ex lege*, mas que decorrem de negócios jurídicos. Isto é, os deveres derivados da boa-fé objetiva estão normalmente na dimensão implícita dos contratos, os quais, pela aplicação da própria boa-fé objetiva, tornam-se explícitos e palpáveis concretamente, especificando-se de acordo com as peculiaridades de cada negócio jurídico (boa-fé objetiva contextual)[304].

2.4 Três campos de atuação da boa-fé objetiva. Aplicação no Direito Contratual

Ordinariamente, atribui-se à boa-fé objetiva uma tríplice função: (i) a de atuar como cânone hermenêutico e integrativo; (ii) fonte de deveres jurídicos; e (iii) limite ao exercício de direitos subjetivos. Nada obstante, o Código de Defesa do Consumidor, pela via do seu art. 4º, acrescentou à boa-fé objetiva a função de corrigir desequilíbrios contratuais sobrepondo-se ao princípio do equilíbrio contratual[305].

Com o devido respeito, somamos esforços à posição crítica de Judith Martins-Costa em relação a este tocante. Ora, se já existe o princípio do equilíbrio contratual ou da equivalência das prestações para balancear as posições *a priori* assimétricas de fornecedores e consumidores, assim como a presunção de vulnerabilidade (art. 4º, I), o princípio da transparência (art. 4º, *caput*), o princípio da interpretação *contra proferentem* (art. 47) e o mecanismo da inversão do ônus da prova (art. 6º, VIII), no caso de haver detectada a hipossuficiência da parte, despiciendo seria conferir à boa-fé objetiva a função de reequilibrar a relação de consumo. Detecta-se aqui falha técnica do legislador.

O Código de Defesa do Consumidor tratou a boa-fé objetiva como princípio, passando ao largo de sua aplicação enquanto cláusula aberta, que foi, sim, utilizada pela jurisprudência, como fonte de deveres anexos, especialmente, dever de informação. Do mesmo modo, como critério para revisão contratual em casos de onerosidade excessiva, em que se aproveitava para dispensar o requisito da imprevisibilidade[306].

---

304 AZEVEDO, Antonio Junqueira de. Considerações sobre a boa-fé objetiva em acordo de acionistas com cláusula de preferência: excertos teóricos de dois pareceres. In: AZEVEDO, Antonio Junqueira de. *Novos estudos e pareceres de direito privado*, cit., p. 133.

305 MARTINS-COSTA, Judith. Os campos normativos da boa-fé objetiva: as três perspectivas do direito privado brasileiro, cit., p. 399.

306 MARTINS-COSTA, Judith. Os campos normativos da boa-fé objetiva: as três perspectivas do direito privado brasileiro, cit., p. 400.

Também se aplicou a boa-fé objetiva como cânone hermenêutico para a concretização de cláusulas contratuais segundo a interpretação pró-consumidor ou segundo a finalidade econômico-social do negócio ou, ainda, como critério de revisão judicial contratual pela anulação de cláusulas em caso de constatação de abusividade.

Mais ainda, a jurisprudência utilizou a boa-fé objetiva como norma limitante ou "paralisante", a fim de obstar-se o exercício de direitos subjetivos ou poderes formativos, conduzindo a figuras que, no direito estrangeiro, encontram similitudes na Teoria dos Atos Próprios (*venire contra factum proprium*); na Teoria do Adimplemento Substancial (*substantial performance*); Teoria da Quebra Positiva do Contrato (*positive Vertragsverletzung* ou *fundamental breach of contract*)[307].

Vê-se, sem maiores dificuldades, uma criticável supervalorização do instituto da boa-fé objetiva pela jurisprudência pátria, especialmente, pelo Superior Tribunal de Justiça, já que, como ocorre normalmente, a vulgarização de sua aplicação tende a torná-la menos forte e importante do que mereceria ser considerada.

Com a devida vênia, a boa-fé objetiva chegou a ser aplicada desnecessária ou equivocadamente em situações que se subsumiam a outros enquadramentos normativos muitas vezes mais simples. Pela novidade que apresentava, assim como pela inexperiência de nosso Poder Judiciário em lidar com a aplicação de princípios e cláusulas gerais, a boa-fé objetiva também chegou a ser utilizada como norma legitimadora de decisões as mais variadas, sendo aplicada atecnicamente em muitos casos[308].

Nesse sentido, a jurisprudência ligava muito a figura da boa-fé objetiva ao pressuposto fático e normativo da vulnerabilidade do consumidor, o que não deixa de ser adequado no contexto de uma economia social de mercado, dentro das perspectivas do Estado Social[309].

---

307 MARTINS-COSTA, Judith. Os campos normativos da boa-fé objetiva: as três perspectivas do direito privado brasileiro, cit., p. 400.

308 TEPEDINO, Gustavo; SCHREIBER, A. A boa-fé objetiva no Código de Defesa do Consumidor e no novo Código Civil. *Revista da EMERJ*, Edição Comemorativa dos 15 anos da Constituição Federal, n. 23, p. 139-151, out. 2003.

309 MARTINS-COSTA, Judith. Os campos normativos da boa-fé objetiva: as três perspectivas do direito privado brasileiro, cit., p. 401.

Considerando tais constatações, insta verificar se à boa-fé objetiva deva ou possa ser atribuída leitura semelhante quando estivermos em outros campos jurídicos, como nas relações obrigacionais em que não haja tal assimetria conforme aludido, especialmente, sendo certo que sua concepção não contém caráter protetivo a uma só parte, mas informativo de lealdade e colaboração à relação contratual[310].

Ponderar essa verificação se faz importante, haja vista que, por vezes, confunde-se a boa-fé objetiva com a figura da equidade. Além disso, observa-se, paralelamente, a utilização da boa-fé objetiva para a resolução de uma gama imensa de casos, aplicando-a igualmente, a situações muito diversas, o que a faz perder efetividade, padecendo da "capacidade delimitadora", conforme Canaris[311].

Há uma tendência a que isso ocorra com a boa-fé objetiva, notadamente, sua utilização em escala e qualidade que ensejem vulgarização e perda de significado pelo amplíssimo arco semântico que pode constituir. Nesse sentido, Judith Martins-Costa, *in verbis*:

> É que embora a expressão "boa-fé" tenha amplo espectro semântico, não constitui – é bom que se diga – um passaporte dado ao anarquismo metodológico que, no mais das vezes, mal esconde o voluntarismo do intérprete. No Direito expressa a *confiança no tráfego negocial*, constituindo, ao mesmo tempo, norma de fundo conteúdo ético e *rigorosa funcionalidade técnica*[312].

Ao contrário, a aplicação da boa-fé objetiva implica intenso rigor técnico, cotejando princípios e aplicando a legislação correlata a ela de forma cuidadosa, cuidando apenas para que não se prenda ao excessivo tecnicismo que afaste sua aplicação da realidade fática[313].

Nas inúmeras espécies de relações de direito civil que se podem formar, poder-se-á distinguir variados tipos de sujeitos dentro das relações obrigacionais,

---

310 TEPEDINO, Gustavo; SCHREIBER, A. A boa-fé objetiva no Código de Defesa do Consumidor e no novo Código Civil, cit., p. 139-151.

311 CANARIS, Claus-Wilhelm. *Función, estrutura y falsación de las teorias jurídicas*. Madrid: Civitas, 1995. p. 73.

312 MARTINS-COSTA, Judith. Os campos normativos da boa-fé objetiva: as três perspectivas do direito privado brasileiro, cit., p. 404.

313 MARTINS-COSTA, Judith. *A boa-fé no direito privado*. São Paulo: RT, 1999. p. 34.

sendo impossível, aprioristicamente, determinar-se a delineação da aplicação do princípio ou cláusula geral da boa-fé objetiva[314].

Isso se deve, em grande parcela, ao sentido que se deu, no Código Civil de 2002, ao sujeito de direito. Ou ao que chamou seu idealizador, Miguel Reale, de "diretriz da concreção"[315]. Quer dizer, haverá necessidade de verificar se a relação ocorre entre pessoas de circunstâncias semelhantes, de um contrato paritário, portanto. Ou se estamos diante de uma rede contratual formada por um feixe de contratos empresariais coligados e complexos[316].

Somente após a suprarreferida verificação será possível determinar a influência da boa-fé objetiva naquele caso concreto, enquanto cláusula geral de lealdade e cooperação, especialmente, no âmbito de teorizações do negócio jurídico marcadas pela "ética da confiança"[317].

Consequentemente, a boa-fé objetiva atua nas relações de direito civil em tríplice espectro: (i) critério de cooperação intersubjetiva em uma relação; (ii) como cânone hermenêutico e de integração dentro da atividade negocial; e (iii) moderador do exercício de posições jurídicas, o que dá ensejo a uma novel formatação de ilicitude civil[318].

O Código Civil de 2002 recebeu conteúdo principiológico muito profundo, especialmente, na seara dos contratos, cujo capítulo já vem, inclusive, sendo tratado com base em princípios, haja vista os artigos 421 a 425, tendo a boa-fé sido referenciada expressamente no art. 422. Ou seja, trata-se de cláusula geral de comportamento contratual.

Na verdade, esse padrão de comportamento ou *standard* sugere que os negócios devam ser norteados pela probidade e correção, que seriam expressões mais concretas do princípio da solidariedade, que tem conteúdo e natureza geral, sendo seu fundamento a Constituição[319].

---

314 MARTINS-COSTA, Judith. Os campos normativos da boa-fé objetiva: as três perspectivas do direito privado brasileiro, cit., p. 404-405.

315 REALE, Miguel. *O projeto de Código Civil*: situação atual e seus problemas fundamentais. São Paulo: Saraiva, 1986.

316 MARTINS-COSTA, Judith. Os campos normativos da boa-fé objetiva: as três perspectivas do direito privado brasileiro, cit., p. 405.

317 PINTO, Carlos Alberto da Mota. Paulo da. *Declaração tácita e comportamento concludente no negócio jurídico*. Coimbra: Almedina, 1995. p. 29-31.

318 MARTINS-COSTA, Judith. Os campos normativos da boa-fé objetiva: as três perspectivas do direito privado brasileiro, cit., p. 405.

319 MONTI, Alberto. *Buona fede e assicurazione*. Milano: Giuffrè, 2002. p. 161.

Assim, enquanto cláusula geral, a boa-fé objetiva tem o condão de produzir normas (heterônomas) a serem observadas e aplicadas pelo juiz em cada situação concreta. Trata-se do que Castronuovo denominou "heteronomia não autoritária"[320], representando revigoração do instituto tanto no Direito contratual civil brasileiro quanto no europeu.

Na relação obrigacional, a boa-fé objetiva norteia a cooperação entre as partes, visando ao adimplemento contratual. Conforme assevera Menezes Cordeiro, *in verbis*:

> [...] dada a sua natureza de Direito inserido em determinada sociedade, um certo tipo de colaboração: uma colaboração informada pelos valores próprios da ordem jurídico-econômica considerada[321].

Nessa linha de raciocínio, encontramos concretude e aplicação prática à boa-fé porque a colaboração que imputa aos sujeitos da relação não deve ser vulgar, mas dotada de sentido técnico. Ou seja, colaboração que vislumbre a consecução da finalidade econômico social do contrato, respeitando-se, sobretudo, a legítima confiança[322].

A instrumentalização da colaboração se dá por meio de deveres positivos e negativos, tais como os deveres de informação, de lealdade genérica, de sigilo, entre outros. Importante assinalar que a aplicação da boa-fé objetiva nesses vários liames se dá com modulação distinta, a depender do tipo de relação entabulada. Assim, maior será sua intensidade quanto menos contrapostos forem os interesses intersubjetivos[323].

Crescendo ainda mais em intensidade nos negócios marcados pela necessidade de haver esforços em comum, como ocorre nos contratos de sociedade ou em outros contratos relacionais, como um todo[324]. A este respeito, ilustrativas as palavras de Clóvis do Couto e Silva. *In verbis*:

---

320 CASTRONOVO, C. L'aventura delle clausole generale. *Rivista Critica del Diritto Privato*, anno IV, 1986. p. 29.

321 MENEZES CORDEIRO, António Manuel da Rócha e. *Direito das obrigações*. Lisboa: Associação Acadêmica da Faculdade de Direito de Lisboa, 1980. v. 1. p. 143.

322 MARTINS-COSTA, Judith. Os campos normativos da boa-fé objetiva: as três perspectivas do direito privado brasileiro, cit., p. 408.

323 MARTINS-COSTA, Judith. Os campos normativos da boa-fé objetiva: as três perspectivas do direito privado brasileiro, cit., p. 408.

324 MARTINS-COSTA, Judith. Os campos normativos da boa-fé objetiva: as três perspectivas do direito privado brasileiro, cit., p. 409.

> [...] cuida-se de algo mais do que a mera consideração, pois existe dever de aplicação à tarefa suprapessoal, e exige-se disposição do trabalho conjunto e a sacrifícios relacionados com o fim comum[325].

O intérprete, contudo, deverá analisar o caso concreto, sem prender-se ao título, qualquer que seja, tenha sido dado ao negócio sob análise. Sobre esse contexto, vale observarmos na íntegra a lição de Judith Martins-Costa. *In verbis*:

> Por isso é o princípio da boa-fé objetiva, efetivamente, paradigmático da "heteronomia não autoritária", na medida em que, traduzindo um modelo de comportamento não enrijecido, mas apto a moldar-se segundo as circunstâncias concretas, dá o critério para a valorização judicial do comportamento, e não uma rígida solução prévia[326].

Destaca-se a boa-fé objetiva no seu aspecto integrativo, como comando hermenêutico. Quanto a este tocante, ressaltam-se quatro pontos de interesse, a saber: primeiramente, o artigo 113 está na Parte Geral do Código Civil Brasileiro, de modo que se aplica a todo e qualquer negócio jurídico, ou seja, não apenas às obrigações. Tal constatação nos leva ao segundo ponto de interesse. Exatamente, o de verificar se a regra da boa-fé objetiva enquanto comando hermenêutico se tem característica subsidiária ou carrega "valência própria"[327].

Justamente por ter sido colocada na Parte Geral do Código Civil, crê-se em sua valência autônoma como critério hermenêutico e integrativo, especialmente, considerando-se que vivemos em uma era em que se privilegia a intepretação da vontade das partes[328].

Em terceiro lugar, observemos a função integrativa em separado da meramente interpretativa para questionar se ao servir de elemento integrativo do contrato, produz, por exemplo, dever de renegociação nos contratos chamados

---

[325] COUTO E SILVA, Clóvis Veríssimo do. *A obrigação como processo*, cit., 1976. p. 31.

[326] MARTINS-COSTA, Judith. Os campos normativos da boa-fé objetiva: as três perspectivas do direito privado brasileiro, cit., p. 410.

[327] MARTINS-COSTA, Judith. Os campos normativos da boa-fé objetiva: as três perspectivas do direito privado brasileiro, cit., p. 411.

[328] MARTINS-COSTA, Judith. Os campos normativos da boa-fé objetiva: as três perspectivas do direito privado brasileiro, cit., p. 412.

"de duração", como nos contratos relacionais, imaginando-se que sempre há uma cláusula de *hardship* em cada pacto[329].

Mais, até que ponto seria legítima a integração eventualmente realizada pelo órgão julgador? Uma resposta binária talvez não seja a mais indicada para responder tal questionamento. Vejamos: a função puramente integrativa da boa-fé objetiva liga-se à função econômico-social do contrato, ou seja, sua causa concreta, de sorte que, com base nessa consideração, poder-se-iam admitir certos deveres nos contratos relacionais forjados pela presença da boa-fé objetiva, os quais poderiam, igualmente, ser objeto de intervenção judicial (ou arbitral) para exercício da função integrativa da boa-fé objetiva[330].

Tanto é assim que encontramos precedentes jurisprudenciais do Superior Tribunal de Justiça, entre eles, caso trazido à tona por Judith Martins-Costa[331], em que se julgou declarar nulas cláusulas contratuais de pacto de duração que sofreu desequilíbrio em função da "modificação substancial do mercado", que resultou no fato de a cláusula do preço acabar sujeita ao arbítrio de apenas uma das partes[332].

Interessante notar que se utilizou como base para tal julgamento o art. 131, I do Código Comercial do Império, observando-se a causa concreta do negócio em questão, isto é, a função/finalidade econômico social do contrato de duração, a qual, no caso, era o fornecimento futuro de laranjas.

Ademais disso, a função integrativa da boa-fé objetiva também está atrelada à questão dos usos e costumes "do lugar da contratação do negócio", conforme dispõe o art. 113 do Código Civil Brasileiro. Ou seja, novamente, apreciamos a exigência de algo concreto à aplicação do instituto da boa-fé objetiva. Além disso, a alusão é aos usos negociais[333].

---

329 ALPA, Guido. La buena fé integrativa. Notas acerca de la direción parabólica de las clausulas generales. In: CÓRDOBA, M., CORDOBERA, Lídia M. G., KLUGER, Viviana (Org.). *Tratado de la buena* fé *en el derecho*. Buenos Aires: La Ley, 2004. p. 177-178.

330 MARTINS-COSTA, Judith. Os campos normativos da boa-fé objetiva: as três perspectivas do direito privado brasileiro, cit., p. 412.

331 MARTINS-COSTA, Judith. Os campos normativos da boa-fé objetiva: as três perspectivas do direito privado brasileiro, cit., p. 412.

332 STJ, REsp 256.456; Quarta Turma, j. em 22.3.2001, *DJ* 07.05.2001, p. 147.

333 MARTINS-COSTA, Judith. Os campos normativos da boa-fé objetiva: as três perspectivas do direito privado brasileiro, cit., p. 412-413.

Nesse sentido, importante pontuarmos que, doutrinariamente, costuma-se distinguir os "usos negociais" dos "usos normativos", sendo estes critérios para integração da lei, de modo que os usos, aqui, servem de fonte de produção normativa. O art. 113 do Código Civil Brasileiro refere-se ao primeiro tipo de usos, os negociais, que são as práticas negociais de um determinado ramo, o qual utiliza geralmente certas cláusulas contratuais conhecias dos participantes, das categorias profissionais que nele habitam[334].

Assim, os usos não apenas servem, segundo o art. 113 do Código Civil Brasileiro, para preencher lacunas, exercendo função integrativa da *fattispecie* contratual, mas também para derrogar certas normas dispositivas, inclusive, o que leva o instituto para além da função propriamente interpretativa[335].

Impossível passarmos pela análise da boa-fé no Direito Civil brasileiro sem percebermos que a grande inovação a seu respeito encontra-se no art. 187 do Diploma Civil, ao tratar da figura do abuso de direito.

É certo que o inovador artigo do Código Civil de 2002 tem antecedente histórico em legislações alienígenas, tais como Código Civil Grego, artigo 281, e Código Civil Português, artigo 334. Contudo, o tratamento jurídico do instituto é distintivo no Brasil, onde o vemos como tipologia da ilicitude, enquanto os outros ordenamentos supracitados o veem como abuso. A este respeito, teceu considerações Maria Claudia Mércio Cachapuz:

> O ilícito como fonte de obrigações civis passa a ter um espaço de incidência mais amplo, capaz de abranger não apenas a contrariedade a direito decorrente de culpa imputável a alguém, mas toda e qualquer conduta que possa estar em contradição do Direito por se sujeitar à necessidade de composição de liberdades humanas na sociedade[336].

Vai-se verificar em cada caso concreto a conformação do ato a valores relevantes, como conduta de acordo com os padrões da boa-fé objetiva e atenção à finalidade econômico social do contrato e bons costumes. Ocorre que tais valores têm intensidade variada.

---

[334] ALPA, Guido; FONSI, G. RESTA. G. *L'interpretazione del contratto* – Orientamenti e tecniche della giurisprudenza. 2. ed. Milão: Giuffrè, 2001. p. 158-159.

[335] MARTINS-COSTA, Judith. Os campos normativos da boa-fé objetiva: as três perspectivas do direito privado brasileiro, cit., p. 413.

[336] CACHAPUZ, Maria Claudia Mércio. *A proteção à intimidade e à vida privada orientada no discurso jurídico:* contribuição da leitura ao novo Código Civil. Tese (Doutorado) – Faculdade de Direito da Universidade Federal do Rio Grande do Sul. Porto Alegre, 2004.

A boa-fé está, portanto, colocada no nível da ilicitude do exercício, dentro da concepção do art. 187 do Código Civil Brasileiro, ocasionando renovação ao conceito de ilicitude, ficando a subjetiva ligada ao art. 186 e a objetiva (do art. 187), em que a boa-fé objetiva atua não como limite ao exercício do direito subjetivo, mas como elemento do modo de exercê-lo[337].

Decorre dessa novel concepção de ilicitude que há hipótese de se encontrá-la desacompanhada do dano efetivo, ainda gerando dever de indenizar, assim como vemos na ameaça a direito subjetivo da personalidade ou ameaça ao meio ambiente.

Mais ainda, observamos o fomento do dever de indenizar originado pela ilicitude dos meios ou dos modos instrumentais do exercício de direitos, que seria o outro lado da mesma moeda das tutelas inibitórias, no âmbito processual, o que vale para o campo da responsabilidade civil contratual ou extracontratual[338].

Quanto à segunda, há que se observar o art. 187 do Código Civil, que insere a boa-fé objetiva no campo da responsabilidade civil aquiliana, o qual, cotejado com o art. 927 do mesmo diploma legal, coloca a ilicitude como pressuposto indenizatório. Neste ponto, como aplicação prática da boa-fé objetiva, podemos considerá-la *standard* comportamental no que tange ao dever de não lesar a contraparte contratual, seja como fundamento à responsabilização civil pela quebra da confiança legitimamente despertada, pela quebra das tratativas negociais ou mesmo pelo exercício contraditório de posição jurídica[339].

Afora a aplicação destinada ao âmbito extracontratual, por estar o art. 187 presente na Parte Geral do Código Civil, aplica-se igualmente à responsabilidade civil contratual, incidindo sobre os aspectos da boa-fé objetiva contratual do art. 422 do mesmo código. Ou seja, abarcam-se os contratos relacionais, também, de natureza empresarial, ponto de relevante interesse.

A análise desse ponto pode iniciar-se se tomando por base as sociedades, em que a cooperação destaca-se como elemento central[340], que atua, justamente,

---

[337] MARTINS-COSTA, Judith. Os campos normativos da boa-fé objetiva: as três perspectivas do direito privado brasileiro, cit., p. 417.

[338] MARTINS-COSTA, Judith. Os campos normativos da boa-fé objetiva: as três perspectivas do direito privado brasileiro, cit., p. 418-419.

[339] MARTINS-COSTA, Judith. Os campos normativos da boa-fé objetiva: as três perspectivas do direito privado brasileiro, cit., p. 419.

[340] SALOMÃO FILHO, Calixto. *O novo direito societário*. 2. ed., reformulada. São Paulo: Malheiros, 2002. p. 54.

por meio do princípio da boa-fé objetiva, especialmente, na responsabilização dos administradores e na oferta pública de ações[341], ambos ligados ao dever de informar.

Constatamos que as funções da boa-fé objetiva são fruto da experiência prática em detrimento da possível teorização que se lhe faça, especialmente, na sociedade permeada por relações complexas em que vivemos. Quanto mais tivermos isso em mente, maior utilidade e eficiência encontraremos em sua aplicação.

Como princípio, a boa-fé objetiva aplica-se a uma gama não estanque de situações jurídicas. Afirma-se, doutrinariamente, que princípios como o da boa-fé objetiva têm natureza excedente de conteúdo deontológico ou axiológico, ou seja, teriam virtualidade e força de expansão de conteúdo valorativo e axiológico e não somente lógico e dogmático[342].

Portanto, a boa-fé objetiva tem aplicação ampla a toda e qualquer relação contratual, independentemente de existirem desequilíbrios ou quaisquer tipos de assimetrias entre as partes do negócio jurídico. Isso não significa dizer que a aplicação da boa-fé objetiva deva dar-se da mesma forma nas mais variadas modalidades contratuais.

Para que o princípio da boa-fé objetiva ganhe concretude prática, mister observar tanto as peculiaridades do negócio a que se aplica, quanto seus aspectos e funções congênitas. Em termos contratuais, há que se considerar que, após a detecção da vontade comum dos contratantes pela interpretação recognitiva, podem ainda restar pontos duvidosos, obscuros ou ambíguos, de modo que se utilizará a boa-fé objetiva para, de fato, completar a interpretação inicial. É a interpretação integrativa.

Se ainda restarem cláusulas omissas, haverá o preenchimento dos espaços vazios pela aplicação da boa-fé objetiva supletiva, respeitando-se a modalidade contratual. Há que se ressalvar, todavia, os contratos de transação, nos termos dos arts. 1.027 e 843 do Código Civil Brasileiro, assim como as cláusulas sancionatórias, a exemplo das cláusulas penais, resolutórias e de garantia. Ambos são tidos como de interpretação restrita, não cabendo a integração por

---

[341] MARTINS-COSTA, Judith. Os campos normativos da boa-fé objetiva: as três perspectivas do direito privado brasileiro, cit., p. 420.

[342] BETTI, Emilio. *Teoria generale della interpretazione.* Millano: Giuffrè, 1990. p. 846-850.

analogia, de modo que a boa-fé objetiva na função supletiva tem aplicação um tanto limitada[343].

Justamente o inverso ocorre no âmbito dos contratos relacionais, que são de longa duração e clamam por contato permanente entre as partes, sendo exigido pela dinâmica relacional, devido à relativa indeterminação do objeto contratual, que se concretiza e determina, gradualmente ao longo do tempo, aplicação intensa da boa-fé objetiva como norma de colaboração. Logo, em sua função interpretativa, ratificando-se o que já foi pactuado e criando deveres de comportamento, e supletiva[344].

A aplicação da boa-fé objetiva não implica uma exigência de conduta altruística ou mesmo desinteressada por parte dos contratantes. Como dizia Antonio Junqueira de Azevedo, tratar-se-ia de "jusromantismo"[345], fugindo à esfera do aceitável.

É não só natural como legítimo que os contratantes visem a seus interesses próprios, buscando a maximização de seus ganhos com o negócio. Inegável também que haja uma tensão entre a lógica da sociabilidade humana e a lógica egoística de mercado. Não há dúvidas de que a boa-fé objetiva pode atuar no sentido de dulcificar essa tensão, o que contribui para um melhor funcionamento do próprio mercado[346].

Fábio Konder Comparato assevera que em toda sociedade se estabelece um quadro geral de relacionamentos entre os sócios, com fundamento na fidelidade e na confiança. Denomina essa dinâmica como *affectio* ou *bona fides societatis*, caracterizada pela especial e rigorosa boa-fé, que seria equivalente à já aludida figura da *uberrima fides*[347]. Corrobora esse entendimento Xavier

---

[343] AZEVEDO, Antonio Junqueira de. Considerações sobre a boa-fé objetiva em acordo de acionistas com cláusula de preferência: excertos teóricos de dois pareceres. In: AZEVEDO, Antonio Junqueira de. *Novos estudos e pareceres de direito privado*, cit., p. 127.

[344] AZEVEDO, Antonio Junqueira de. Considerações sobre a boa-fé objetiva em acordo de acionistas com cláusula de preferência: excertos teóricos de dois pareceres. In: AZEVEDO, Antonio Junqueira de. *Novos estudos e pareceres de direito privado*, cit., p. 127.

[345] AZEVEDO, Antonio Junqueira de. Considerações sobre a boa-fé objetiva em acordo de acionistas com cláusula de preferência: excertos teóricos de dois pareceres. In: AZEVEDO, Antonio Junqueira de. *Novos estudos e pareceres de direito privado*, cit., p. 130.

[346] AZEVEDO, Antonio Junqueira de. Considerações sobre a boa-fé objetiva em acordo de acionistas com cláusula de preferência: excertos teóricos de dois pareceres. In: AZEVEDO, Antonio Junqueira de. *Novos estudos e pareceres de direito privado*, cit., p. 130.

[347] COMPARATO, Fábio Konder. *Novos ensaios e pareceres de direito empresarial*. Rio de Janeiro: Forense, 1981. p. 49-50.

Fossoul, que aduz que a boa-fé objetiva é aplicável a todos contratos, mas que se impõe com uma intensidade muito mais marcante nos contratos criadores de relações densas e duráveis entre as partes, entre as quais os contratos de sociedade[348].

2.5 Viés da cooperação

Sustenta-se que o dever de cooperação decorra do solidarismo constitucional, mais especificamente, do art. 3º, I da Constituição Federal da República, que se aplicaria às relações jurídicas de todas as sortes[349].

Cooperação e contratos têm ligação intensa. Seja nos contratos descontínuos, seja nos relacionais, para o atingimento do objetivo final, há que se ter, como consequência da presença da boa-fé objetiva, algum tipo de cooperação[350]. Ocorre que, em muitos casos, por razões diversas, uma ou ambas as partes contratantes são levadas a adotar um comportamento oportunista em relação à outra parte; exemplificativamente, quando o contrato é descontínuo e as partes tendem a nunca mais se relacionarem, como ocorre na compra de combustível em uma estrada remota no interior do país.

Não obstante, cooperação não significa abrir mão de interesses individuais em benefício da contraparte, mas da relação como um todo, do benefício comum. Cooperação, na verdade, está ligada à eficiência e continuidade qualitativa contratual[351]. Essa visão ganha contornos reforçados diante dos novos paradigmas contratuais, segundo os quais os princípios da liberdade contratual, autonomia da vontade e *pacta sunt servanda* não são absolutos.

---

[348] FOSSOUL, Xavier. La bonne foi et le droit des sociétés. In: DAVID-CONSTANT, Simone (Org.). *La bonne foi, actes du coloque organisé le 30 mars par la conférence libre du jeune barreau de Liège*. Lièges: A.S.B.L., 1990. p. 1990.

[349] NANNI, Giovanni Ettore. O dever de cooperação nas relações obrigacionais à luz do princípio constitucional da solidariedade. In: NANNI, Giovanni Ettore (Coord.). *Temas relevantes do direito civil contemporâneo:* reflexões sobre os cinco anos do Código Civil. São Paulo: Atlas, 2008. p. 308-309.

[350] DEAKIN, Simon; LANE, Christel; WILKINSON, Frank. Contract law, trust relations, and incentives for co-operation: a comparative study. In: DEAKIN, Simon; MICHIE, Jonathan (Ed.). *Contracts, co-operation and competition:* studies in economics, management, and law. Oxford: Oxford University Press, 2003. p. 105-142, p. 106.

[351] DEAKIN, Simon; LANE, Christel; WILKINSON, Frank. Contract law, trust relations, and incentives for co-operation: a comparative study, cit., p. 107.

Mais ainda, em tempos de crises econômicas, políticas e éticas recorrentes, a confiança parece abalar-se nas relações, de modo que a boa-fé objetiva, principalmente pelo viés da confiança, pode servir de catalizador à cooperação entre as partes como forma de atingir-se a eficiência e o benefício comum. Ou seja, trata-se da boa-fé objetiva e cooperação em seu liame mais pragmático possível, que pode gerar a confiança ao longo da execução contratual, especialmente nos contratos relacionais.

Mas por que especialmente nos contratos relacionais? Em primeiro plano, temos a já estudada incompletude contratual e seus efeitos negativos, que somente podem ser mitigados, efetivamente, pela via de um comportamento eivado de boa-fé objetiva, sobretudo pela cooperação ao longo da execução contratual.

Em segundo plano, a cooperação torna a execução contratual mais eficiente e, assim, diminui os custos de transação, refletindo em ganhos para as partes envolvidas. Assim, nos contratos descontínuos ou mesmo naqueles em que o tempo é apenas tolerado (e não desejado), tais considerações não fazem sentido.

Isso posto, adentremos de forma mais aprofundada no tema, a bem de tratar, igualmente, da operacionalidade da boa-fé objetiva, instrumentalizada pela figura da cooperação, no Direito Contratual.

Frente ao novo paradigma do direito contratual, do qual o direito contratual clássico e neoclássico não mais dão conta, não se mostra suficiente que os contratos sejam adimplidos apenas em relação às trocas. Há necessidade de que isso se dê da forma mais eficiente e menos gravosa possível em relação à contraparte e em relação ao meio em que habitam. E o comportamento cooperativo se mostra essencial a tal desiderato.

Assim, a boa-fé objetiva é o elemento catalizador do comportamento cooperativo que fomenta a mitigação dos custos de transação, dos comportamentos oportunistas e implementa a eficiência contratual o tanto quanto possível.

Isso não elimina a interferência dos princípios do direito contratual clássico ou neoclássico, mas faz somar a eles os novos princípios presentes no Código Civil Brasileiro de 2002, especialmente, o princípio da boa-fé objetiva, o qual obriga ambas as partes a participarem mais ativa e cooperativamente quando na relação contratual. Retomamos, aqui, o que assevera Renan Lotufo em relação ao papel proativo dos contraentes (e dos indivíduos) no âmbito da novel legislação civilista[352], com o que corrobora Claudio Luiz Bueno de Godoy[353].

A cooperação pode ser entendida tanto como um dever lateral autônomo oriundo da boa-fé objetiva, como um dever subjacente a uma determinada conduta a instrumentalizar-se durante a execução do contrato, cuja função será sempre tornar as prestações obrigacionais o mais vantajosas e o menos danosas possível às partes, ou seja, trata-se de fornecimento mútuo de condições tanto à execução como à fruição do objeto de contrato de forma ótima[354].

Nesse sentido, os contratantes, por meio do comportamento cooperativo, conseguirão extrair do contrato em questão a maior utilidade possível, auferindo maiores ganhos de natureza econômica, mas não só. A fusão dos comportamentos cooperativos poderá criar sinergia tal que o aproveitamento do negócio poderá ser máximo[355].

Logo, voltamos ao raciocínio segundo o qual o comportamento cooperativo não significa renúncia a interesses particulares que as partes possam ter porque, por meio dele, chegam ao objetivo contratual de forma mais eficiente e integral.

A prática da cooperação contratual, como decorrência do princípio da boa-fé objetiva, é também fator mitigador de eventuais riscos da operação. Quanto mais cooperação houver, menores as chances de ocorrerem danos em contratos que contemplem riscos relevantes ou numerosos. Nestes casos, a cooperação pode instrumentalizar-se em dever de prestar informações, por exemplo[356].

Esse aspecto ganha ainda mais relevo dentro do campo dos contratos relacionais, especialmente naqueles em que haja busca por inovações tecnológicas,

---

352 LOTUFO, Renan. Teoria geral dos contratos, cit., p. 20-21.

353 GODOY, Claudio Luiz Bueno de. O princípio da boa-fé objetiva. In: GOZZO, Débora; MOREIRA ALVES, José Carlos; REALE, Miguel (Coord.). *Principais controvérsias no novo Código Civil:* textos apresentados no II Simpósio Nacional de Direito Civil. São Paulo: Saraiva, 2006. p. 61.

354 NEIRA, Lilian C. San Martín. Sobre la naturaleza jurídica de la 'cooperación' del acreedor al cumplimiento de la obligación. La posicion dinâmica del acreedor en la relación obligatoria, como sujeto no sólo de derechos, sino también de cargas y deberes. *Revista de Derecho Privado*, n. 21, p. 208-282, Julio/Diciembre 2011. p. 277. Disponível em: <http://ssrn.com/abstract=1964700>. Acesso em: 28 out. 2015).

355 FABRE-MAGNAN, Muriel. *De l'obligation d'information dans les contrats:* essai d'une theorie. Paris: Librairie Générale de Droit et de Jurisprudence, 1992. p. 61-62.

356 LABORDERIE, Anne-Sophie Lavefve. *La pérennité contractuelle*. Paris: LGDJ, 2005. p. 12.

grandes descobertas ou grandes empreitadas, as quais demandem muito investimento cuja recuperação pode ser incerta, como os contratos de aliança a título de exemplo, ideias que se coadunam perfeitamente com o *duty to mitigate the loss*[357], que é uma interessante repercussão da cooperação como dever anexo de conduta. É do que passamos a tratar.

2.5.1 *Duty to mitigate the loss*

Haverá ocasiões em que uma parte sofrerá prejuízos em uma relação contratual, sejam eles advindos de circunstâncias externas, como a onerosidade excessiva, sejam eles oriundos do comportamento do outro contratante, ou seja, pelo inadimplemento. Todavia, isso não autoriza a parte prejudicada a ignorar o dever de mitigar os seus próprios prejuízos, como consequência do dever de cooperação ensejado pela boa-fé objetiva[358].

Obviamente, a parte prejudicada não terá um dever que extrapole a diligência naturalmente esperada, a depender do contexto específico e complexidade da contratação em voga. Vendo a mesma questão por outro prisma, Mota Pinto fala em dever do credor de limitar danos e não agravar situações de perigo ao devedor[359].

Apesar do reconhecimento doutrinário, não há, no Brasil, disposição normativa expressa sobre o instituto, o que é objeto de crítica por parte de Véra Maria Jacob de Fradera, já que o Código Civil de 2002, ao contrário do de 1916, adotaria concepção cooperativista do contrato, com arrimo no princípio da boa-fé objetiva[360].

Em que pese a lacuna legislativa, há, no Código Civil, na Parte Especial, mais especificamente, nos arts. 769 e 771, que tratam do contrato de seguro,

---

[357] ARAÚJO, Fernando. *Teoria econômica do contrato*, cit., p. 380.

[358] MARTINS-COSTA, Judith. Responsabilidade civil contratual. Lucros cessantes. Resolução. Interesse positivo e interesse negativo. Distinção entre lucros cessantes e lucros hipotéticos. Dever de mitigar o próprio dano. Dano moral e pessoa jurídica. In: LOTUFO, Renan; NANNI, Giovanni Ettore; MARTINS, Fernando Rodrigues (Coord.). *Temas relevantes do direito civil contemporâneo:* reflexões sobre os dez anos do Código Civil. São Paulo: Atlas, 2012. p. 585.

[359] PINTO, Carlos Alberto da Mota. *Cessão da posição contratual.* Cessão da posição contratual. Coimbra: Almedina, 2003. p. 345.

[360] FRADERA, Véra Maria Jacob. Pode ser o credor instado a diminuir o próprio prejuízo? *Revista Trimestral de Direito Civil*, Rio de Janeiro, v. 19, p. 109-119, jun./set. 2004. p. 116.

disposições que fazem alusão ao *duty to mitigate the loss*, demonstrando-se certo reconhecimento do instituto acerca do tema[361].

Mais ainda, o Enunciado n. 169 da II Jornada de Direito Civil do Centro de Estudos Judiciários do Conselho da Justiça Federal atesta a necessidade de o credor cooperar no sentido de limitar o próprio prejuízo. *In verbis*: "Enunciado n. 169: Art. 422: O princípio da boa-fé objetiva deve levar o credor a evitar o agravamento do próprio prejuízo".

Como decorre da contratação, o *duty to mitigate the loss*, assim como os demais deveres anexos de conduta decorrentes do dever de cooperação e, pois, do princípio da boa-fé objetiva, quando violado, gera responsabilidade civil contratual de modo que as correlatas repercussões devem ater-se às cláusulas (escritas e implícitas) do mesmo contrato[362].

A consequência da não observação do *duty to mitigate the loss* é a perda do direito da vítima de ser indenizada pelos prejuízos que ela mesma deixou de impedir quando teve condições e dependia de um comportamento possível e esperado[363].

Ao contrário do que ocorre na legislação pátria, em que não se encontram disposições explícitas sobre o *duty to mitigate the loss*, o Código Civil alemão (BGB) contém norma que prevê a discussão sobre eventual indenização a ser paga ao credor lesado que deixe de limitar seus próprios danos (Seção 254).

---

361 SCHUNK, Giuliana Bonanno. *Contratos de longo prazo e dever de cooperação*. Tese (Doutorado) – Faculdade de Direito, Universidade de São Paulo, São Paulo, 2013. p. 157.

362 SCHUNK, Giuliana Bonanno. *Contratos de longo prazo e dever de cooperação*, cit., p. 159. Para verificar posicionamento contrário, defendendo a responsabilidade civil aquiliana ou extracontratual para casos de violação do *duty to mitigate the loss* ver: FRADERA, Véra Maria Jacob. Pode ser o credor instado a diminuir o próprio prejuízo?, cit., p. 118-119.

363 AGUIAR JÚNIOR, Ruy Rosado de. *Extinção dos contratos por incumprimento do devedor (resolução)*. Rio de Janeiro: Aide, 2003. p. 136. Sobre a consequência da violação do dever de mitigar os próprios prejuízos, temos que são exigíveis perdas e danos por parte de quem sofreu essa violação. Com base nessa constatação, Daniel Pires Novais Dias sustenta que o *duty to mitigate the loss* não seria um dever anexo de conduta. Reforçaria essa ideia, segundo o mesmo autor, a dificuldade que imporia o ordenamento jurídico brasileiro a que o credor desse dever pudesse exigir tal conduta, pelo fato de os indivíduos, no Brasil, poderem, inclusive, renunciar a seu patrimônio. Nesse sentido, para o autor o *duty to mitigate the loss* seria mais bem classificado como ônus ou encargo (DIAS, Daniel Pires Novais. O *duty to mitigate the loss* no direito civil brasileiro e o encargo de evitar o próprio dano, p. 13. *Revista do Curso de Direito da UNIFACS*, n. 139, 2012. Disponível em: <http://www.revistas.unifacs.br/index.php/redu/article/view/1894>. Acesso em: 22 out. 2015, p. 13).

Já no Direito Francês, sustenta-se que o *duty to mitigate the loss* seja figura subjacente ao abuso de direito, além da posição jurisprudencial que considera tal dever decorrência da boa-fé[364].

Também no UNIDROIT (artigo 7.4.8), assim como na Convenção de Viena (artigo 77) há disposições expressas sobre o *duty to mitigate the loss*, sendo comum a utilização do instituto como fundamento ligado à boa-fé objetiva para julgamento de casos que envolvam discussões acerca de contratos internacionais por cortes arbitrais na Europa[365].

A aplicação do *duty to mitigate the loss* liga-se fortemente à cooperação contratual pela via da boa-fé objetiva, sendo certo que se destaca entre os deveres anexos, sobretudo nos contratos relacionais, especialmente na busca conjunta das partes para a busca da mais eficiente obtenção do benefício comum.

2.6 Conclusão parcial

O instituto da boa-fé, com significados equívocos, tem raízes romanas. Quanto à perspectiva de nosso interesse, objetiva e obrigacional, desenvolvida mais profundamente a partir da codificação continental da primeira metade do século XX, especialmente a germânica, tem aplicação ampla no Direito Privado.

Foi introduzida no ordenamento jurídico brasileiro pela via do Código de Defesa do Consumidor, em que pese a presença no art. 131 do Código Comercial do Império de 1850, de pouquíssimo relevo. Mas foi com o advento do art. 422 do Código Civil de 2002 que sua aplicação sofreu um salto, assim como ocorreu em vários outros países, e conjunto de países, com a utilização do UNIDROIT, por exemplo.

A amplitude de sua utilização, entretanto, pode gerar a vulgarização do instituto, especialmente, pela má interpretação que a jurisprudência possa conferir à boa-fé objetiva, o que enseja o entrave de debate de toda a comunidade jurídica a respeito. Em outros países, exemplificadamente, o Canadá, também há riscos de ocorrência desse tipo. Foi o que houve a propósito do histórico

---

364 JALUZOT, Béatrice. *La bonne foi dans les contrats:* étude comparative de droit français, allemand et japonais. Paris: Dalloz, 2001. p. 520-523.

365 RONGEAT-OUDIN, Federica; OUDIN, Martin. The reception of the UNIDROIT principles by the lex mercatoria: the example of good faith. *International Business Law Journal*, 697-723, 2009, p. 716.

de recente julgamento da Suprema Corte que culminou com o paradigmático Acórdão *Bhasin v. Hrynew* [2014 SCC 71], de 13 de novembro de 2014.

A boa-fé objetiva contempla, basicamente, 3 (três) funções: i) a de atuar como cânone hermenêutico e integrativo; (ii) fonte de deveres jurídicos e (iii) limite ao exercício de direitos subjetivos. Entre os deveres anexos que da boa-fé objetiva exsurgem, destaca-se a cooperação e, dentro dela, tem realce atual o *duty to mitigate the loss*, notadamente, no âmbito dos contratos relacionais. É do que passamos a tratar no capítulo subsequente.

3
A BOA-FÉ OBJETIVA NO ÂMBITO DOS CONTRATOS RELACIONAIS

3.1 Traços genéticos. Visão de Clóvis do Couto e Silva

Conforme asseverado no subcapítulo 2.1 (escorço histórico da boa-fé), o § 242 do BGB (somando ao § 157) foi precursor da fundação de uma concepção absolutamente inovadora da relação obrigacional e, portanto, do contrato. Entretanto, não significou, àquele momento, entrega de poder criacional ao magistrado.

Nada obstante, a mera aplicação do princípio, ou seja, exigir que os contratos fossem interpretados conforme exige a boa-fé, considerando-se os usos de tráfico, em meio à concomitante compreensão dos chamados deveres anexos, fez aproximar a relação obrigacional como era entendida na Alemanha àquela da *common law*, na medida em que ao "vínculo dialético e polêmico, estabelecido entre devedor e credor", adicionam-se elementos "cooperativos necessários ao correto adimplemento"[366].

Clóvis do Couto e Silva é categórico ao afirmar que se trata da aplicação no Direito alemão do *antecipated breach of contract*, conceito típico da *common law* ou Direito anglo-saxão, salientando que a grande importância desse fato é

---

[366] COUTO E SILVA, Clóvis Veríssimo do. O princípio da boa-fé no direito brasileiro e português, cit., p. 36-37.

a provocação do início de uma imensa transmutação da relação obrigacional, vez que se admitem os já referidos deveres anexos, acessórios ou implícitos juntamente com a obrigação principal objeto do contrato[367]. Na verdade, alarga-se o objeto para que tais deveres também o componham, como ocorre no âmbito dos contratos relacionais, cerne do presente trabalho dissertativo.

Retomando a *antecipated breach of contract* ou quebra antecipada do contrato ou, ainda, quebra positiva do contrato, como se costuma denominar no Brasil, temos que a obrigação é tomada por deveres anexos, instrumentais e independentes, que se ligam à aplicação da boa-fé. Diante disso, os magistrados, já assumindo um inevitável papel de criar direitos e deveres, começaram a declarar a nulidade de contratos em que houvesse a comprovação de adoção de abusos do poder econômico por uma das partes contratantes, pelo fundamento de contrariarem os bons costumes. Observa-se o distanciamento, nesse momento, da jurisprudência germânica em relação à concepção da separação dos poderes segundo critérios estritos de Montesquieu[368].

Ou seja, em que pese a falta de disposição legal expressa àquele tempo, início do século XX, contratos em que uma das partes sofresse abuso do poder econômico da outra, resultando em importante inferiorização superveniente, eram nulos como consequência da aplicação do princípio da boa-fé (objetiva)[369].

O juiz passava a executar o trabalho de fazer suas decisões acompanharem as alterações socioeconômicas ao longo do tempo, eis que as cláusulas gerais, em especial a boa-fé objetiva, são dotadas de fluidez e flexibilidade quanto à aplicação. Disso decorre a possibilidade de incrementar-se mais justiça às decisões exaradas, mas também, por outro lado, de haver cometimento de arbitrariedades que contrariem o direito posto, em uma aventura legiferante daqueles que devem apenas julgar[370].

---

[367] COUTO E SILVA, Clóvis Veríssimo do. O princípio da boa-fé no direito brasileiro e português, cit., p. 38.

[368] COUTO E SILVA, Clóvis Veríssimo do. O princípio da boa-fé no direito brasileiro e português, cit., p. 38-39.

[369] Nos anos 1920, na Alemanha da hiperinflação, surgiu a doutrina da "quebra ou desaparecimento da base do negócio", que servia ao mesmo propósito da "quebra positiva do contrato", algo que também influenciou a jurisprudência (COUTO E SILVA, Clóvis Veríssimo do. O princípio da boa-fé no direito brasileiro e português, cit., p. 39).

[370] COUTO E SILVA, Clóvis Veríssimo do. O princípio da boa-fé no direito brasileiro e português, cit., p. 39-40.

De qualquer forma, não é por acaso a aproximação que se deu entre o Direito germânico continental e o Direito da *common law* porque as situações repetem-se independentemente do local e as criações jurídicas para amoldá-las seguem a mesma sorte, o que expõe, igualmente, a diferença de grau da boa-fé objetiva no âmbito dos contratos relacionais, que são criação doutrinária norte-americana, mas que repercute da mesma forma em outros sistemas jurídicos, como o nosso.

Isso fica claro quando observamos apontamentos de Clóvis do Couto e Silva feitos no final da década de 1970, que valem aqui a reprodução, *in verbis*:

> O princípio da boa-fé endereça-se sobretudo ao juiz e o instiga a formar instituições para responder aos novos fatos, exercendo um controle corretivo do Direito estrito, ou enriquecedor do conteúdo da relação obrigacional, ou mesmo negativo em face do Direito postulado pela outra parte. A principal função é a individualizadora, em que o juiz exerce atividade similar à do pretor romano, criando o "Direito do caso". O aspecto capital para a criação judicial é o fato de a boa-fé possuir um valor autônomo, não relacionado com a vontade. Por ser independente da vontade, a extensão do conteúdo da relação obrigacional já não se mede com base somente nela, e, sim, pelas circunstâncias ou fatos referentes ao contrato, permitindo-se "construir" objetivamente o regramento do negócio jurídico, com a admissão de um dinamismo que escapa, por vezes, até mesmo ao controle das partes[371].

3.2 Âmbito relacional propriamente dito

A sociedade complexa da atualidade, permeada por não menos complexas relações econômicas, não mais consegue viver sob a égide da esquematização rígida trifásica do contrato: conclusão, execução e extinção, a qual não se adapta a várias situações. Ofertar mais aceitação não significa dizer que o contrato esteja totalmente formado, eis que muitos deles não chegam a ter objeto determinado *a priori*, o que não quer dizer que não seja determinável, haja vista o art. 104, II, do Código Civil Brasileiro[372].

---

371 COUTO E SILVA, Clóvis Veríssimo do. O princípio da boa-fé no direito brasileiro e português, cit., p. 42.

372 AZEVEDO, Antonio Junqueira de. Considerações sobre a boa-fé objetiva em acordo de acionistas com cláusula de preferência: excertos teóricos de dois pareceres. In: AZEVEDO, Antonio Junqueira de. *Novos estudos e pareceres de direito privado*, cit., p. 127.

A formação dos contratos atualmente é estendida, prolongando-se, inclusive, pela execução contratual. Conforme Antonio Junqueira de Azevedo, desenvolve-se como que uma "microssociedade" entre os contratantes. Reforçando o que já fora dito, a aplicação da boa-fé objetiva como fonte de criação de regras de comportamento é uma imposição natural, notadamente, pela necessidade de colaboração que vige nos contratos relacionais[373].

A boa-fé objetiva, em seu aspecto gerador de deveres ditos negativos, não está sujeita à existência de nenhuma assimetria subjetiva contratual para surgir. Retomando o que já fora asseverado anteriormente, isso não é uma novidade nem surpresa porque é no campo societário e comercial que a boa-fé objetiva encontra aplicações das mais nítidas e sedimentadas[374].

Tal fato é bem iluminado pela doutrina portuguesa, representada principalmente por Menezes Cordeiro, que muito contribuiu para a evolução do instituto da boa-fé objetiva no Brasil. Houve a concepção da boa-fé objetiva na esfera metajurídica, inclusive, para ser reconhecida como fator cultural importante ligado ao direito. O referido autor enfatiza que a história moderna da boa-fé objetiva deve muito ao direito privado comercial[375].

Acrescentamos a esse pensamento a ideia de grande evolução da boa-fé objetiva concomitante e proporcionalmente ao desenvolvimento da teoria contratual relacional, já que este tipo de interação a exige em grau tão elevado que sua existência (ou necessidade de existência) sobressai-se em relação a vários outros aspectos da contratação.

A boa-fé objetiva vem crescendo em importância no âmbito tanto teórico quanto prático do direito contratual, seja na *common law*, seja em países seguidores da tradição romano-germânica, haja vista a presença do instituto nas respectivas codificações regionais[376].

---

[373] AZEVEDO, Antonio Junqueira de. Considerações sobre a boa-fé objetiva em acordo de acionistas com cláusula de preferência: excertos teóricos de dois pareceres. In: AZEVEDO, Antonio Junqueira de. *Novos estudos e pareceres de direito privado*, cit., p. 128.

[374] AZEVEDO, Antonio Junqueira de. Considerações sobre a boa-fé objetiva em acordo de acionistas com cláusula de preferência: excertos teóricos de dois pareceres. In: AZEVEDO, Antonio Junqueira de. *Novos estudos e pareceres de direito privado*, cit., p. 129.

[375] MENEZES CORDEIRO, António Manuel da Rocha e. *Da boa-fé no direito civil*, cit., 2001, p. 371-372.

[376] MACEDO JUNIOR, Ronaldo Porto. *Contratos relacionais e defesa do consumidor*, cit., p. 183-184.

Ocorre que a conceituação da boa-fé objetiva não é unívoca. Pelo contrário, abriga controvérsias que giram em torno de diversas definições, nem sempre excludentes, o que, contudo, pode levar o tema a uma zona cinzenta, de certo modo, problemática. Podemos encontrar significações atribuídas à boa-fé como sendo lealdade, justiça, *fair conduct*, *fair dealing*, *reasonable standards of fair dealing*, entre outros[377].

Diante desse quadro, para a sua utilização na teoria contratual, grande a importância de existir uma teoria geral que tivesse a boa-fé objetiva como foco de delineamento, de modo que ela possa ser aplicada de forma não paradoxal no bojo da teoria contratual[378].

Com efeito, o direito contratual pós-clássico traz à tona polarizações que podem, enfim, ser balanceadas pela aplicação da boa-fé objetiva, especialmente nos casos de tensão entre o bem-estar social e os interesses privados dos contratantes; entre a responsabilidade civil por culpa e a objetiva; entre a prevalência do direito público ou privado ou, mesmo, entre o individualismo e o coletivismo; entre o controle estatal e a autonomia da vontade[379].

No âmbito da teoria contratual relacional, a boa-fé objetiva desempenha o essencial papel de fomentar a continuidade das relações contratuais – ponto que representa o cerne deste trabalho dissertativo – porque os deveres contidos nesse princípio geral referem-se à reciprocidade, à confiança, ao planejamento, à solidariedade e ao equilíbrio entre os interesses de cunho privado e o bem-estar social, entre outros[380].

Ela viabiliza a reflexão sobre aquilo que seja adequado a cada contratante, a título de comportamento e ação, em diferentes ocasiões, em cada caso e contrato concreto. Usando a teoria de Tércio Sampaio Ferraz Junior, a boa-fé objetiva, nos contratos relacionais, seria norma de calibração[381], em que pese não contemplar uma conceituação estanque ou definição formal, pelo próprio fato de conter, em cada caso, elementos concretos daquela relação.

Submeter os contratos relacionais à boa-fé objetiva pode ser essencial para a obtenção de soluções justas e satisfatórias para crises e conflitos

---

[377] REITER, B. J. Good Faith in contracts, cit.

[378] MACEDO JUNIOR, Ronaldo Porto. *Contratos relacionais e defesa do consumidor*, cit., p. 184.

[379] MACEDO JUNIOR, Ronaldo Porto. *Contratos relacionais e defesa do consumidor*, cit., p. 184-185.

[380] MACEDO JUNIOR, Ronaldo Porto. *Contratos relacionais e defesa do consumidor*, cit., p. 185.

[381] FERRAZ JR., Tércio Sampaio. *Teoria da norma jurídica*. Rio de Janeiro: Forense, 1978.

derivados da própria relação. Dentro de uma concepção habermasiana, os contratos relacionais devem pautar-se por atitudes comunicativas, em que os contratantes estabeleçam consensos por seus atos, tendo-os como benéficos para os dois lados, para a relação em si considerada, o que significará cooperação mútua[382].

Nesse sentido, asseveram Marcos Venício Chein Feres e João Paulo Torres Dias, *in verbis*:

> O princípio da boa-fé, na verdade, deve ser visto como um porta-voz de novas regras jurídicas, conformando cada caso concreto por meio de uma nova construção teórica. A função de porta-voz, atuando como pressuposto, deve ser reconhecida do ponto de vista consensual. O paradigma comunicativo, como pano de fundo, atua aqui reconstruindo, a cada situação de conflito contratual, o princípio da boa-fé objetiva. Não se trata de uma vulgarização de um artifício jurídico para a solução de todas as possíveis impropriedades obrigacionais, mas sim o conteúdo desse princípio deriva de um processo reconstrutivo crítico fundamentado a partir dos padrões constitucionalmente estabelecidos[383].

Segundo Ronaldo Porto Macedo Junior, sob certas perspectivas, há circunstâncias que realçam a importância da boa-fé objetiva sob a ótica relacional. *Ab initio*, ela e a necessidade de sua própria aplicação relembram-nos da chamada incompletude contratual, ou seja, que a racionalidade humana, assim como sua capacidade de comunicar-se perfeitamente, é limitada.

Ademais, a boa-fé objetiva dá dimensões valorativas e jurídicas ao elemento da confiança, sem o qual nenhum contrato subsiste. Mais ainda, ela traz à tona elementos não promissórios dos contratos, os quais também vinculam as partes, independentemente de estipulações individuais, assim como a linguagem e as práticas sociais de determinado nicho. Finalmente, a boa-fé objetiva dá luz ao elemento moral dos contratos na medida em que norteia as partes a agirem corretamente em suas execuções[384].

---

[382] FERES, Marcos Vinício Chein; DIAS, João Paulo Torres. Teoria geral dos contratos relacionais, p. 178-179.

[383] FERES, Marcos Vinício Chein; DIAS, João Paulo Torres. Teoria geral dos contratos relacionais, p. 180.

[384] Nesse sentido, EWALD, François. A concept of social law. In: *Dilemmas of Law in the Welfare State*, Berlin: European University Institute, 1985. p. 40-75. Elementos semelhantes são enumerados por REITER, B. J. Good faith in contracts, p. 727.

Esse último ponto faz enxergar que o contrato pode não se prestar apenas a finalidades econômicas, mas também àquelas de cunho social e moral. Não se pretende negar que o contrato seja o principal instrumento de organização e formação da ordem de mercado, mas, sob a ótica relacional, não é apenas isso, sendo que valores sociais estão presentes na formação do conteúdo dos contratos[385].

O alastramento da aplicação do princípio da boa-fé objetiva em suas funções interpretativa, restritiva e integrativa tem dado maior destaque e importância à abordagem relacional na medida em que ela viabiliza a convivência pacífica entre o interesse egoísta e o interesse pela posição equitativa do outro no contrato, fomentando as relações de longo prazo. Além disso, serve como mecanismo de proteção do direito de participação, passando a constituir o conjunto de garantias dos contratantes nas relações contratuais, uma espécie de conjuntos e "normas de garantia individual", dentro do direito privado, protegendo minorias ou evitando abuso de poder econômico.

A este respeito, pertinente observarmos as lições de B. J. Reiter:

> A teoria dos contratos relacionais oferece regras sobre contratos num nível geral que a boa-fé exige, permitindo tanto a elaboração de regras mais específicas para áreas especializadas em termos das mesmas normas, mas aplicáveis para cada especialidade[386].

A boa-fé objetiva torna-se também essencial em meio ao modelo relacional pela incompletude contratual oriunda da racionalidade limitada dos indivíduos e da existência de barreiras perenes que impedem a comunicação perfeita entre partes contratantes. Mais ainda, chega a dar contornos jurídicos ao conceito de confiança, sem o qual não haveria contratações ou faria com que seus custos de transação fossem exorbitantes. Em outro plano, a boa-fé evidencia as dimensões implícitas dos contratos, ou seja, normas e elementos de vinculação "não contratuais"[387].

Apesar de não se tratar de uma inovação do século XX, a boa-fé objetiva ressurge com muita força na época do chamado Direito Social, arrefecendo a distinção rígida entre o direito público e o privado. Em outras palavras, é certamente possível encontrarmos a ideia da boa-fé objetiva presente em períodos

---

385 Sobre o conceito de mercado social ver COLLINS, Hugh. *The law of cantracts*. 2. ed. London: Butterworths, 1993. p. 30 e ss.

386 REITER, B. J. Good faith in contracts, cit., p. 726.

387 REITER, B. J. Good faith in contracts, cit., p. 727.

antecedentes mesmo ao do Direito Social, entretanto, reportava-se a outros significados e práticas de aplicação que atualmente lhe dão delineamento[388].

Segundo Reiter, houve tentativa frustrada no século XIX de livrar a experiência contratual de investigações acerca de eventuais complexos elementos de natureza moral, na medida em que, na prática, tal tentativa não exerceu relevante influência, malgrado tê-la exercido na seara da teoria contratual[389].

Por essa perspectiva, a boa-fé objetiva implementa regras de costume e convenções nos contratos, o que implica controle e limitação do poder dos contratantes, de sorte a atingirem-se parâmetros do que sejam expectativas legítimas do meio em que se inserem.

Tal prevalência de preocupação com o equilíbrio e limitação de poder demonstra o caráter institucional do contrato, que não mais pode ser visto somente como uma relação entre particulares, isoladamente.

Impossível não reconhecer que o paradigma contratual dominante no mundo industrializado ocidental seja o neoclássico. E não o relacional. Contudo, há motivos para compreendermos que a abordagem relacional ganha em importância, proporcionalmente à crescente importância que vem sendo atribuída ao conceito e à aplicação da boa-fé objetiva[390].

Todavia, é necessário que se diga que os contratos relacionais – ou a teoria que os sustenta – ainda não foram totalmente incorporados pelo direito brasileiro, seja acadêmica, legislativa ou jurisprudencialmente. Explica-se tal fenômeno sem muitas dificuldades, haja vista que é devido muito mais à nossa origem e tradição romano-germânica, segundo ocorre nos países da Europa Ocidental continental, por exemplo, do que a qualquer outra possível incompatibilidade.

A teoria dos contratos relacionais, por mais paradoxal que possa parecer, tem origens não jurídicas, porém, sociológicas norte-americanas, o que não significa a impossibilidade de sua aplicação no Brasil, pelo contrário, representa uma das mais importantes e práticas tentativas de renovação dos já desgastados paradigmas contratuais clássico e neoclássico, malgrado possa ser tida como "bastarda" por alguns de nossos juristas, especialmente, quando

---

[388] SUMMERS, Robert. The general duty of good faith – its recognition and conceptualization, cit., p. 730.

[389] REITER, B. J. Good faith in contracts, cit., p. 727.

[390] MACEDO JUNIOR, Ronaldo Porto. *Contratos relacionais e defesa do consumidor*, cit., p. 187.

citamos o casamento como exemplo célebre de contrato relacional, segundo já aludido[391].

No entanto, há que se ter em mente que não se trata de aplaudir toda e qualquer importação jurídica, especialmente de países da *common law*, as quais, muitas vezes, são inaplicáveis em nosso sistema, por diversas razões, mas é certo que nós conhecemos "contratos de longa duração" e "relação de confiança".

Os contratos relacionais são de duração ou de longa duração, exigindo constante e profunda relação de confiança, lealdade e colaboração entre as partes. No seu âmbito, a visão estandardizada dos momentos de conclusão e execução contratuais, conforme as dogmáticas clássica e neoclássica, não tem cabimento porque os contratos relacionais caracterizam-se por formarem-se e reformarem-se ao longo do tempo, obviamente, respeitados certos pactos gerais estruturais estabelecidos aprioristicamente entre os contratantes[392].

Sublinhe-se que o aspecto da confiança e colaboração são tão relevantes nos contratos relacionais que chegam a ser seu próprio objeto em muitas ocasiões, no mínimo, exigem-nas intensamente, de sorte que se possa chegar a seus fins. Logo, o princípio da boa-fé objetiva deve ter presença muito mais forte e profunda nos contratos relacionais do que nos descontínuos, haja vista a natureza aberta e, sob certo ponto de vista, indefinida dos primeiros[393].

Tenhamos em mente que muitos dos contratos presentes em nossa sociedade são relacionais em que vigoram a cooperação e a chamada solidariedade mecânica como causa para sua existência, dos quais são exemplos os contratos de cooperação, de franquia, inclusive, articulados em redes contratuais, além dos contratos de trabalho[394].

---

391 In: AZEVEDO, Antonio Junqueira de. *Novos estudos e pareceres de direito privado*, cit., p. 100.

392 AZEVEDO, Antonio Junqueira de. Renúncia a direitos contratuais. Dolo e descumprimento dos deveres decorrentes da boa-fé objetiva por parte do beneficiário da renúncia. Não verificação da pressuposição e desaparecimento da base do negócio. Anulabilidade da renúncia e restituição do enriquecimento sem causa. In: AZEVEDO, Antonio Junqueira de. *Novos estudos e pareceres de direito privado*, cit., p. 100.

393 AZEVEDO, Antonio Junqueira de. Renúncia a direitos contratuais. Dolo e descumprimento dos deveres decorrentes da boa-fé objetiva por parte do beneficiário da renúncia. Não verificação da pressuposição e desaparecimento da base do negócio. Anulabilidade da renúncia e restituição do enriquecimento sem causa. In: AZEVEDO, Antonio Junqueira de. *Novos estudos e pareceres de direito privado*, cit., p. 100.

394 MACEDO JUNIOR, Ronaldo Porto. *Contratos relacionais e defesa do consumidor*, cit., p. 187. Ponto em que o autor discorda de Macneil e de Reiter, que têm a boa-fé objetiva como continente de elemento de altruísmo.

A boa-fé viabiliza a coexistência de ações que privilegiem, ao lado dos interesses individuais e egoístas do contratante, os interesses do outro polo da relação contratual, fator imprescindível à existência funcional das relações de longo prazo de duração. Além disso, a boa-fé serve como ferramenta de garantia de participação ativa dos contratantes no âmbito do direito privado[395].

Ou seja, a aplicação da boa-fé objetiva e o tipo de relação que ela proporciona às relações contratuais implicam relevantes fatores de criação e manutenção de relações de confiança, solidariedade e cooperação. Essa consequência nos parece fato incontroverso.

Nada obstante, parece-nos que possa haver diferenças significativas das consequências da boa-fé objetiva em um contexto em que ela aja pelos estímulos conjunturais de um tal arranjo institucional que tenha criado condições para tanto em relação a um contexto em que a boa-fé objetiva tenha sido imposta ou mesmo estimulada pelo direito[396].

Nesse sentido, Macaulay já publicou trabalhos que deixaram evidentes as diferenças entre as duas situações supramencionadas. Entretanto, analisar as consequências advindas da aplicação da boa-fé espontaneamente existente e daquela criada ou imputada a um dado ramo contratual e se, em um ou noutro caso haveria vantagens ou desvantagens tanto aos contratantes como à comunidade, é tarefa que dependeria de estudos empíricos mais acurados.

A teoria relacional dos contratos foi criada, basicamente, para fazer frente e apresentar resposta contrarreativa à teoria neoclássica. Diante disso, poderíamos analisá-la sob duas correntes distintas: (i) a dos custos de transação (*transaction cost analysis*), com a liderança de autores como Williamsom, Goldberg, Scott e Goetz, entre outros; e (ii) a da visão de Macneil, que teve como companhia autores como Macaulay e Campbell.

Tais diferenças entre as supracitadas correntes não têm sido expostas com a profundidade necessária, em que pese Macneil se referir à sua teoria como a mais crítica da teoria neoclássica[397]. A teoria dos custos de transação insere-se

---

395 REITER, B. J. Good faith in contracts, cit., p. 734.

396 MACNEIL, Ian R. Values in contract: internal and external. *Northwestern University Law Review*, v. 78, 1993.

397 MACNEIL, Ian R. Contracts: adjustment of long-term economic relations under classical, neoclassical, and relational contract law, cit., p. 900.

na grande área da análise econômica do direito (*law and economics*), que tem como objeto a redução dos custos de transação nas relações contratuais ou *the costs of carrying out Market transactions*, nas palavras de Coase[398].

A sua finalidade consiste em se construírem estruturas de governo das relações contratuais que lhes viabilizem funcionar com o menor custo possível[399], também pela criação de metodologias que viabilizem a retirada de obstáculos e que as partes possam empregar seus melhores esforços nas suas atividades mais valiosas e rentáveis. Nem que a melhor opção seja não contratar, eventualmente[400].

Segundo preceitos da análise econômica do direito, os custos de transação podem reduzir-se, em termos gerais, por meio de relações hierárquicas nas instituições, estabelecimento de estruturas horizontais de regulação do mercado ou por meio da aplicação de princípios contratuais.

Crescem também outras áreas do direito que se destinam a derrubar altos custos de transação que obstacularizam as relações, sobretudo, as contratuais, tais como o direito do trabalho e o do consumidor. Ao mesmo tempo, ganham importância teorias cuja aplicação tende a fornecer algo aproximado à transação perfeita às relações, como, exemplificativamente, a teoria do abuso do poder econômico e a teoria da desigualdade do poder de barganha.

A eliminação de obstáculos das negociações, como os altos custos de transação, visa restabelecer ao contrato a condição de paridade entre as partes, conferindo-lhes igualdade, possibilidade de exercerem a autonomia de suas vontades, assim como a liberdade contratual[401].

Por sua vez, Macneil não enxerga as relações como fontes de custos de transação, mas como estruturas facilitadoras de transação. Na verdade, o autor norte-americano entende que as transações sejam inconcebíveis sem as suas relações internas, as quais seriam, inclusive, elementos constitutivos das transações.

---

[398] COASE, Ronald H. The problem of social cost. *The Journal of Law and Economics*, v. 3, 1960. p. 15.

[399] WILLIAMSON, Oliver. *The economic institutions of capitalism*. New York: Free Press, 1985.

[400] POSNER, Richard A. The law and economics of contract interpretation. *Texas Law Review*, v. 83:1581, 2005. p. 1583.

[401] MACEDO JUNIOR, Ronaldo Porto. *Contratos relacionais e defesa do consumidor*, cit., p. 190.

Ou seja, o que para a teoria dos custos de transação seriam obstáculos, para a teoria encampada por Macneil seriam elementos de existência[402]. A esse respeito o próprio Ian R. Macneil: "Because it is impossible to conduct exchange without transaction cost (...) they are a very bit as much a factor of production as capital and labor"[403].

A diferença de tratamento da figura da cooperação pela teoria dos custos de transação e pela teoria defendida por Macneil parece-nos bastante ilustrativa, na medida em que, para a primeira visão, a cooperação é tida como um meio aceitável para concatenarem-se ações em busca de objetivos individuais. Ou seja, cooperação não requer comprometimento com os interesses da outra parte e é elemento exógeno à própria relação contratual[404].

Para a visão compartilhada por Macneil, a cooperação desempenha um papel central no âmbito dos contratos relacionais. E não marginal e maquiavélico, como ocorre na visão da teoria dos custos de transação. Os valores ligados à boa-fé nos contratos advêm de diferentes fontes externas, a exemplo da lei, que acabam por demonstrar característica vertical e coercitiva ou dos costumes comerciais, que imprimem imposições horizontais[405].

Tais imposições, muito mais que estimularem o exercício da boa-fé objetiva no âmbito dos contratos relacionais, reduzem as possibilidades de opção de uma parte contratante em ser arbitrária, pouco cooperativa ou menos solidária[406].

O inverso ocorre com a orientação que é dada à vida contratual relacional pelos valores internos geradores de atitudes imbuídas de vetores da boa-fé objetiva, que acabam por modular o quadro em que os limites de atuação são naturalmente aceitos[407]. A cooperação age como uma ferramenta operacional essencial dentro da relação contratual[408].

Não obstante, importante observarmos que as relações internas e externas dotadas de comportamentos de boa-fé interagem entre si, dependendo uma da

---

[402] CAMPBELL, David. The social theory of relational contract: Macneil as the modern Proudhon. *International Journal of Sociology of the Law*, v. 18, n. 1, 1990.

[403] MACNEIL, Ian R. Economic analysis of contractual relations, cit.

[404] CAMPBELL, David; HARRIS, Donald. Flexibility in long-term contractual relationships, cit.

[405] MACNEIL, Ian R. Values in contract, cit., p. 367-368.

[406] MACNEIL, Ian R. Values in contract, cit., p. 379.

[407] MACNEIL, Ian R. Values in contract, cit., p. 348.

[408] MACEDO JUNIOR, Ronaldo Porto. *Contratos relacionais e defesa do consumidor*, cit., p. 192.

outra para que impliquem práticas efetivas de comportamentos estabelecidos nas relações desenvolvidas entre as partes[409].

Mas o que realmente faria o indivíduo em si considerado agir de forma mais ou menos cooperativa ou individualista? Macneil chega a reconhecer na natureza humana movimentos pendulares de comportamento, o que se dá, por vezes, de maneira esquizofrênica[410]. Entretanto, Ronaldo Porto Macedo Junior, apoiado nas ideias de Axelrod, remete-nos à possibilidade científica de determinar as condições nas quais o homem seria mais ou menos propenso a agir cooperativamente, assim como quais são e como criar mecanismos para estimular ou desestimular esse tipo de comportamento pela via institucional[411].

Assim, não haveria razão para acreditarmos que a natureza humana seria a base para a explicação e fundamentação do comportamento social, especialmente porque a análise do indivíduo somente faz sentido se tomado em contraste com as instituições que o circundam[412].

3.3 Boa-fé objetiva, contratos relacionais, existenciais e de lucro

No âmbito de uma nova dicotomia de classificação contratual que, cada vez mais, ganha importância no cenário jurídico mundial e brasileiro, exige-se maior grau de boa-fé objetiva nos ditos contratos existenciais do que nos contratos empresariais, profissionais ou de lucro[413].

Sendo os primeiros exemplificados pelos contratos de consumo, os de trabalho, os de locação residencial, os de compra de casa própria, ou seja, os que digam respeito à satisfação de necessidades básicas ou subsistência do contratante. Entre os segundos, exemplificativamente, estão os contratos de franquia,

---

409 MACEDO JUNIOR, Ronaldo Porto. *Contratos relacionais e defesa do consumidor*, cit., p. 194.

410 MACNEIL, Ian R. Exchange revisited: individual utility and social solidarity. *Ethics*, v. 96, n. 3, p. 567-593, April 1986.

411 MACEDO JUNIOR, Ronaldo Porto. *Contratos relacionais e defesa do consumidor*, cit., p. 195-196.

412 MACEDO JUNIOR, Ronaldo Porto. *Contratos relacionais e defesa do consumidor*, cit., p. 197.

413 AZEVEDO, Antonio Junqueira de. Renúncia a direitos contratuais. Dolo e descumprimento dos deveres decorrentes da boa-fé objetiva por parte do beneficiário da renúncia. Não verificação da pressuposição e desaparecimento da base do negócio. Anulabilidade da renúncia e restituição do enriquecimento sem causa. In: AZEVEDO, Antonio Junqueira de. *Novos estudos e pareceres de direito privado*, cit., p. 99-100.

os contratos de distribuição, as locações comerciais, a compra de matéria-prima, entre outros.

Vale lembrar a inserção originária do tema na esfera jurídica pátria feita por Antonio Junqueira de Azevedo, seguida por Marco Fábio Morsello, defendendo o tratamento diferenciado entre contratos existenciais e de lucro. Nestes, haveria menor campo para intervenção judicial, não cabendo revisão judicial por onerosidade excessiva subjetiva, *e.g.*

Antonio Junqueira de Azevedo tratou de diferenciar os contratos existenciais dos contratos de lucro, criando dicotomia que, segundo o autor, dominaria as discussões no século XXI, ou parte dele, e ensejaria o tratamento prático diferenciado que se deve dar a uma e outra espécie contratual. Assim, os primeiros têm como uma ou ambas as partes uma pessoa natural (ou uma pessoa jurídica sem fins lucrativos[414]), que visam à subsistência na contratação[415].

O referido autor dissertou sobre o assunto, textualmente, na Revista Trimestral de Direito Civil[416] e na atualização da obra de Orlando Gomes[417], sendo que, nesta, utilizou as expressões "contratos empresariais" e "contratos não empresariais ou existenciais".

As pessoas naturais não são "descartáveis" e as suas necessidades e direitos essenciais têm que ser atendidos, seja pelo Estado ou pela Justiça (como braço do Estado), de modo que cláusulas contratuais que sejam atentatórias a tais interesses possam ser consideradas inválidas[418].

Quando se está diante de um contrato existencial e de uma pessoa natural, física, tal revisão seria possível, albergando-se o pedido no princípio da função

---

[414] Além das pessoas jurídicas sem fins lucrativos, podemos, a depender do caso, incluir no mesmo rol pessoas jurídicas de pequeno porte. Importa que, através da empresa, consiga-se visualizar a pessoa natural para a qual exista a sociedade ou associação ou a pessoa física que atua no mercado por meio da pessoa jurídica. Ou seja, sempre que a pessoa jurídica estiver agindo no interesse essencial da pessoa natural. In: AGUIAR JÚNIOR, Ruy Rosado de. Contratos relacionais, existenciais e de lucro, cit., p. 102.

[415] AGUIAR JÚNIOR, Ruy Rosado de. Contratos relacionais, existenciais e de lucro, cit., p. 91.

[416] AZEVEDO, Antonio Junqueira de. Diálogos com a doutrina: entrevista com Antonio Junqueira de Azevedo. *Revista Trimestral de Direito Civil,* Rio de Janeiro, v. 9, n. 34, p. 299-308, abr./jun. 2008.

[417] GOMES, Orlando. *Contratos,* cit., v. 3.

[418] AZEVEDO, Antonio Junqueira de. Diálogos com a doutrina: entrevista com Antonio Junqueira de Azevedo, cit.

social do contrato. As empresas podem (às vezes devem) ser descartáveis. Já as pessoas humanas nunca[419].

Assim, os contratos existenciais são aqueles celebrados entre não empresários ou em que uma das partes não é empresária, obviamente, desde que não tenha por finalidade auferir lucro com a transferência do contrato em voga a terceiro[420].

A existência dessa nova dicotomia contratual não implica exclusão de outras classificações contratuais já anteriormente talhadas. Na verdade, esboçá-la tem o condão de fornecer meios operacionais ao desenvolvimento consciente da economia, protegendo-se sempre o valor da pessoa humana[421].

Portanto, o fundante princípio da dignidade da pessoa humana exerce papel fulcral nos contratos existenciais na medida em que, pela sua função iluminante, sua aplicação se espalhe por todo o nosso sistema jurídico. Importante frisar que não só os contratos de consumo serão existenciais[422]. Segundo Vincenzo Roppo, estamos diante de um novo paradigma contratual, cuja incidência e força vão além dos contratos de consumo[423].

Nos contratos existenciais, estamos tratando, em síntese, da aquisição de um bem ou serviço essencial. O cerne da questão, entretanto, é definir o que seja "essencial". Nesse sentido, a lei pode fazer esse trabalho em alguns casos. Jorge Mosset Iturraspe tratou de distinção de bens que pode auxiliar nessa tarefa, segundo a qual bens vitais seriam aqueles sem os quais o indivíduo não possa sobreviver, como alimentação, por exemplo. Os necessários seriam aqueles sem os quais a dignidade da pessoa humana não estaria satisfeita, como cultura e lazer, por exemplo[424].

---

419 AZEVEDO, Antonio Junqueira de. Relatório brasileiro sobre revisão contratual apresentado para as Jornadas Brasileiras da Associação Henri Capitant. In: AZEVEDO, Antonio Junqueira de. *Novos estudos e pareceres de direito privado*, cit., p. 185-186.

420 MORSELLO, Marco Fábio. Contratos existenciais e de lucro. Análise sob a ótica dos princípios contratuais contemporâneos, cit., p. 297.

421 MORSELLO, Marco Fábio. Contratos existenciais e de lucro. Análise sob a ótica dos princípios contratuais contemporâneos, cit., p. 297.

422 MORSELLO, Marco Fábio. Contratos existenciais e de lucro. Análise sob a ótica dos princípios contratuais contemporâneos, cit., p. 297.

423 ROPPO, Vincenzo. *Il contratto del duemila*. 3. ed. Torino: Giappichelli, 2011. p. 85-87.

424 ITURRASPE, Jorge Mosset. *Interpretación económica de los contratos*: justicia contractual. Buenos Aires: Rubinzal-Culzoni, 1994. p. 122.

De acordo com essa classificação, os bens vitais seriam os "essenciais". Logo, os contratos cujo objeto de suas prestações refira-se a algum tipo desses bens da vida seriam existenciais. E as obrigações assumidas pela pessoa natural em meio ao contexto de um bem vital, como obrigações familiares ou algumas consumeristas[425], por exemplo, teriam papel paradigmático[426].

Luiz Edson Fachin defende que o conceito de "necessidade" – e, aqui, fazemos paralelo com a "essencialidade" – deva deixar de ser apenas formal para instrumentalizar-se econômica e socialmente, com fundamento no direito que todos têm a uma vida, no mínimo, digna[427].

Por seu turno, os contratos de lucro caracterizar-se-iam por serem celebrados entre empresários ou entre um empresário e uma pessoa natural que naquela situação vise ao lucro[428]. Ou seja, são firmados entre profissionais e/ou pessoas jurídicas que visam a ganhos eminentemente financeiros com a contratação. Justamente por isso, a interferência estatal nesse tipo contratual não é bem-vinda porque haveria intromissão no funcionamento do mercado que se deve dar por si só. E o *pacta sunt servanda* deve ter maior peso[429].

Os contratos de lucro, *lato senso*, são aqueles celebrados entre pessoas jurídicas que têm como finalidade social auferir resultados positivos depois de descontados os investimentos feitos e as despesas incorridas em certo período. Portanto, nessa classificação, não se leva em conta o objeto da prestação contratada, mas a finalidade ou função econômica a ser alcançada por intermédio da contratação[430].

---

[425] Judith Martins-Costa faz a ressalva de que nem todo contrato de consumo tem como objeto da prestação um bem ou serviço essencial, sendo que, muitas vezes, pode ser celebrado entre empresas e, mesmo não sendo, pode conter transações de bens supérfluos. A publicidade teria um papel central neste tipo de consumo, em que se cria a sensação de necessidade onde, na verdade, não há. In: MARTINS-COSTA, Judith. *A boa-fé no direito privado*, p. 4000.

[426] PERLINGIERI, Pietro. *Perfis do direito civil*, cit., p. 211.

[427] FACHIN, Luiz Edson. *Estatuto jurídico do patrimônio mínimo*. Rio de Janeiro: Renovar, 2001. p. 176.

[428] AZEVEDO, Antonio Junqueira de. Relatório brasileiro sobre revisão contratual apresentado para as Jornadas Brasileiras da Associação Henri Capitant. In: AZEVEDO, Antonio Junqueira de. *Novos estudos e pareceres de direito privado*, cit., p. 186.

[429] AZEVEDO, Antonio Junqueira de. Diálogos com a doutrina: entrevista com Antonio Junqueira de Azevedo, cit.

[430] AGUIAR JÚNIOR, Ruy Rosado de. Contratos relacionais, existenciais e de lucro, cit., p. 102-103.

Interessante observar que a finalidade pode não ser alcançada, mas, ainda assim, o contrato será de lucro, se esse for o objetivo dos contratantes, o que ocorre entre os contratos interempresariais. Disso decorre que uma pessoa física que atue no mercado buscando os resultados econômicos positivos, seja como investidor ou como aplicador, também pode celebrar contratos de lucro[431].

São contratos, em regra, que trazem em sua prévia, muita negociação, notadamente, por haver polos com não só capacidade, mas necessidade de discussão, visando ao resultado lucro no final. Portanto, ordinário encontrarmos fase de tratativas e negociações preliminares. Como lembra Ruy Rosado de Aguiar Junior, são contratos "de gré à gré", em alusão aos franceses[432], que se opõem aos contratos de adesão, com algumas exceções, tais quais os contratos de aplicação em bolsa de valores[433].

Sobressai o aspecto patrimonial desse tipo de contratação, apesar de esse elemento estar presente também em contratos que não sejam de lucro. Não obstante, no âmbito das relações de consumo, os fornecedores, legitimamente, buscam o lucro em suas atividades de fornecimento, seja de bens ou serviços, entretanto, sempre que o objeto da prestação contratada for um bem ou serviço essencial, prevalecerá o aspecto existencial[434].

Como o próprio nome diz, os contratos empresariais são aqueles contratos celebrados por empresários no exercício de sua atividade, o que[435] não os difere dos contratos de lucro. Ocorre que os contratos empresariais, por seu turno, não necessariamente visam ao resultado positivo descontados investimento e despesas.

Guido Alpa ressalta que "contrato de empresa" refere-se aos contratos entre fornecedores e consumidores[436], o que no Brasil denominamos de contratos de consumo, pertencentes a um nicho em que incidem as regras do Código de Defesa do Consumidor. Portanto, diametralmente opostos aos contratos empresariais como costumamos distinguir e dos quais aqui tratamos.

---

431 AGUIAR JÚNIOR, Ruy Rosado de. Contratos relacionais, existenciais e de lucro, cit., p. 103.

432 MALINVAUD, Philippe. *Droit des obligations*. 8. ed. Paris: Litec, 2003. p. 43.

433 AGUIAR JÚNIOR, Ruy Rosado de. Contratos relacionais, existenciais e de lucro, cit., p. 103.

434 AGUIAR JÚNIOR, Ruy Rosado de. Contratos relacionais, existenciais e de lucro, cit., p. 103.

435 AGUIAR JÚNIOR, Ruy Rosado de. Contratos relacionais, existenciais e de lucro, cit., p. 104.

436 ALPA, Guido. *Manuale di diritto privato*, cit., p. 543.

É o que ocorre em acordos de acionistas visando a aspectos eminentemente gerenciais, por exemplo. Ao mesmo tempo, há certos contratos celebrados entre empresários que não são de natureza empresarial, como a compra e venda de um imóvel, exemplificativamente[437].

Feita a ressalva, há contratos que são essencial e necessariamente empresariais. E é neles que se encontra o campo mais propício para a germinação dos contratos relacionais, em que as relações se prolongam ao longo do tempo e há cabimento para existência de cláusulas indeterminadas, a serem aperfeiçoadas durante a execução contratual[438].

Consequentemente, adotar o paradigma da essencialidade enseja a possibilidade de direcionar aos contratos existenciais regime jurídico tal que seja viabilizada a efetividade de sua função social, tanto interna quanto externa, garantindo a vigência do princípio constitucional da dignidade da pessoa humana[439]. Aqui, entra com destaque o princípio da boa-fé objetiva, que enfatiza uma série de deveres de comportamento adequado à proteção das partes e adimplemento da obrigação.

Isso vem ao encontro do pensamento no sentido de que os contratos ditos existenciais abrem espaço para maior influência do juiz na interpretação e revisão do conteúdo contratual, em respeito à função social e boa-fé objetiva.

Nos contratos empresariais e de lucro, em que vivem mais contratos relacionais, a interferência do juiz seria de menor intensidade, inversamente proporcional à presença da boa-fé objetiva, por exemplo, já que o cuidado na celebração e execução do contrato deva ser das partes, as quais almejam, eminentemente, resultados lucrativos com a contratação, sendo os prejuízos decorrentes do risco do negócio[440].

Na verdade, os contratos relacionais chegam a exigir a presença marcante da boa-fé objetiva como forma de viabilizar sua execução, muito por conta da indeterminação e abertura de suas cláusulas, havendo sempre negociações e renegociações ao longo do tempo. Ou seja, com a aplicação da boa-fé objetiva,

---

[437] ALPA, Guido. *Manuale di diritto privato*, cit., p. 705.

[438] AGUIAR JÚNIOR, Ruy Rosado de. Contratos relacionais, existenciais e de lucro, cit., p. 105.

[439] BORGES, Roxana Cardoso Brasileiro. Reconstrução do conceito de contrato: do clássico ao atual. In: HIRONAKA, Giselda Maria Fernandes Novaes; TARTUCE, Flávio (Coord.). *Direito contratual:* temas atuais. São Paulo: Método, 2007. p. 33.

[440] AGUIAR JÚNIOR, Ruy Rosado de. Contratos relacionais, existenciais e de lucro, cit., p. 107.

podem-se averiguar condutas e soluções adequadas a cada caso concreto de eventuais controvérsias ou crises[441].

Logo, se os contratos relacionais têm como *habitat* mais comum o mundo empresarial, conforme asseverado anteriormente, podemos afirmar que os contratos de lucro ou empresariais não são fechados à aplicação de princípios, como o da boa-fé objetiva, exemplificativamente[442].

Ainda, para os contratos relacionais, de ordinário a presença de uma fase negocial, que serve para aproximar ou reaproximar as partes em caso de crise superveniente que tire a execução do prumo, clamando por uma nova realidade, o que pode ser dar, também, com atuação de agentes externos ao pacto[443].

Os contratos relacionais, como se vê, em função de sua própria natureza, exigem a presença mais forte de cláusulas gerais, a exemplo da boa-fé objetiva. Muitos contratos de lucro são relacionais, conforme também visto alhures, de modo que submetidos com maior intensidade ao *pacta sunt servanda*, o que pode parecer uma contradição.

Mas não é. Nesse novo paradigma contratual, o *pacta sunt servanda* não deixa de existir nem de ter importância, o que não impede a incidência imediata de princípios que orientam o direito obrigacional sobre a relação obrigacional[444]. Tudo isso ensejaria a menor intervenção da figura do Estado sobre o contrato, como reflexo de sua menor intervenção no domínio econômico, sobretudo, nas relações que visam ao lucro.

Não obstante, essa tese não se encontra nos seus melhores dias, como decorrência da crise econômico-financeira de 2008, a qual fez os Estados, não apenas os Unidos da América do Norte, repensarem regulamentação mais rigorosa e intervencionista dos negócios[445].

A já aludida função corretiva da boa-fé objetiva fornece proteção à parte mais fraca na relação contratual, viabilizando, inclusive, o controle das chamadas cláusulas abusivas que a parte técnica, econômica e juridicamente superior desejaria impor àquela vulnerável. E, nesse campo, evidencia-se a importância

---

441 FEITOSA, Maria Luíza Pereira de Alencar Mayer. *Paradigmas inconclusos:* os contratos entre a autonomia privada, a regulação estatal e a globalização dos mercados. Coimbra: Editora Coimbra, 2007. p. 433.

442 AGUIAR JÚNIOR, Ruy Rosado de. Contratos relacionais, existenciais e de lucro, cit., p. 107.

443 AGUIAR JÚNIOR, Ruy Rosado de. Contratos relacionais, existenciais e de lucro, cit., p. 108.

444 AGUIAR JÚNIOR, Ruy Rosado de. Contratos relacionais, existenciais e de lucro, cit., p. 109.

445 AGUIAR JÚNIOR, Ruy Rosado de. Contratos relacionais, existenciais e de lucro, cit., p. 110.

dos contratos existenciais como elemento da mudança paradigmática do direito contratual[446].

Especial atenção podemos dar à fase pré-contratual, na qual pode ser muito comum a falta de fornecimento de informações e esclarecimentos acerca de detalhes que possam ser, inclusive, motivos determinantes da contratação, sempre em prejuízo do vulnerável[447].

Devemos ir além para considerar a sempre plausível oportunidade de haver um ou mais contratos existenciais coligados a um ou mais contratos de lucro. Neste caso, como faríamos a classificação de tal figura?

As lições de Francisco Paulo de Crescenzo Marino vão no sentido de que a presença de um contrato existencial na coligação seja suficientemente forte para alterar o centro de gravidade de todo o conjunto. Todos os demais pactos girariam ao redor do eixo do contrato existencial, que ganharia papel preponderante. Todo o coletivo teria, então, natureza existencial[448].

Vê-se que não é suficiente o cumprimento do dever geral de não lesar ou não causar danos a terceiros. Exigem-se comportamento proativo e cumprimento de certos deveres anexos ou laterais, os quais podem variar de acordo com o caso concreto. Tal exigência, conforme demonstrado, será de maior grau nos contratos existenciais quando comparados com os contratos de lucro.

Mas mesmo entre os contratos definidos como empresariais, profissionais ou de lucro, haverá diferenças de grau de aplicação da boa-fé objetiva, a variar, notadamente, na medida em que sejam relacionais ou descontínuos[449]. Nos primeiros, o grau de boa-fé objetiva exigido é tão forte quanto o é nos contratos existenciais. É do que passamos a tratar.

Difundindo a diferença de "relações existenciais" das "relações patrimoniais", Gustavo Tepedino também tratou da referida dicotomia contratual.

---

[446] MORSELLO, Marco Fábio. Contratos existenciais e de lucro. Análise sob a ótica dos princípios contratuais contemporâneos, cit., p. 299.

[447] MORSELLO, Marco Fábio. Contratos existenciais e de lucro. Análise sob a ótica dos princípios contratuais contemporâneos, cit., p. 297.

[448] MARINO, Francisco Paulo de Crescenzo. *Contratos coligados no direito brasileiro*, cit., p. 210-211.

[449] AZEVEDO, Antonio Junqueira de. (Parecer) Renúncia a direitos contratuais. Dolo e descumprimento dos deveres decorrentes da boa-fé objetiva por parte do beneficiário da renúncia. Não verificação da pressuposição e desaparecimento da base do negócio. Anulabilidade da renúncia e restituição do enriquecimento sem causa. In: AZEVEDO, Antonio Junqueira de. *Novos estudos e pareceres de direito privado*, cit., p. 100.

Sugere destacar mais as diferenças funcionais do que as disparidades afetas à classe dos direitos subjetivos em jogo em uma relação (se obrigacionais ou reais, por exemplo). E as diferenças funcionais são extremadas quando tomamos as "relações existenciais" em contraste com as "relações patrimoniais", o que exigiria aplicação de disciplina normativa própria quando em um ou em outro campo[450].

Outra perspectiva interessante do mesmo assunto seriam as diferenças quanto aos efeitos gerados pelas categorias contratuais suprarreferidas. Enquanto nos contratos existenciais caberia cogitar-se indenização por danos morais, nos contratos de lucro tal cogitação seria incabível. Mais ainda, a aplicação dos novos princípios contratuais, como a função social e a boa-fé objetiva, se daria de forma diversa[451].

Quanto a este tocante, vale conferir na íntegra as considerações de Antonio Junqueira de Azevedo. *In verbis*:

> Dentre os contratos existenciais encontram-se todos os contratos de consumo, bem como os contratos de trabalho, locação residencial, compra da casa própria e, de uma maneira geral, os que dizem respeito à subsistência da pessoa humana. São exemplos de contratos empresariais os de agência, distribuição, fornecimento, transporte, *engineering*, consórcio interempresarial, franquia e os contratos bancários, dentre outros. Essa nova dicotomia, que defendemos, é, a nosso ver, a verdadeira dicotomia contratual do século XXI. Por força da renovação dos princípios contratuais e da frequência de sua concretização, não se pode mais empregar a palavra "contrato" sem consciência dessa classificação. Ademais, ela é operacional. Os contratos empresariais apresentam importantes peculiaridades de tratamento, *v.g.*, no que diz respeito à interpretação (papel mais acentuado dos usos empresariais), à alteração das circunstâncias (menor possibilidade de revisão contratual) e à aplicação dos princípios da boa-fé e da função social do contrato[452].

---

450 TEPEDINO, Gustavo. Notas sobre a função social do contrato. In: TEPEDINO, Gustavo; FACHIN, Luiz Edson (Coord.). *O direito e o tempo:* embates jurídicos e utopias contemporâneas: estudos em homenagem ao professor Ricardo Pereira Lira. Rio de Janeiro: Renovar, 2008. p. 404.

451 AZEVEDO, Antonio Junqueira de. Diálogos com a doutrina: entrevista com Antonio Junqueira de Azevedo, cit.

452 GOMES, Orlando. *Contratos*, p. 231-232.

Ou seja, a nova classificação proposta por Antonio Junqueira de Azevedo também conteria importância operacional, vez que as peculiaridades quanto ao tratamento diferenciado também respingam sobre a interpretação, que deve ter mais destaque nos contratos de lucro ou empresariais, sobre a alteração das circunstâncias, sendo certo que, nos contratos de lucro, deve ser menor a possibilidade de revisão contratual, entre outras repercussões.

3.4 Intensidade

É natural concluir-se, a partir de tudo exposto até aqui, que a intensidade exigida da boa-fé objetiva nos contratos relacionais se dá em nível diferenciado relativamente a contratos não relacionais, sobretudo pelo tipo de interação prolongada, flexível, íntima e interdependente que as partes desenvolvem ao longo da relação, a qual reclama por muito mais forte cooperação.

Na verdade, sustenta-se que apenas devido às repercussões da boa-fé objetiva é que se viabilizam os contratos relacionais na sua forma mais eficiente, já que as partes não conseguiriam propor e concretizar cláusulas tão abertas a ponto de manter a interação eminentemente relacional, a não ser por elementos como confiança e cooperação[453].

A boa-fé objetiva torna-se, portanto, objeto e necessidade do contrato relacional, em que se tem a obrigação como real processo, conforme já asseverou Clóvis do Couto e Silva[454]. Aqui, há um programa contratual que contém um planejamento, inclusive versando sobre a reprogramação, de modo que as posições dos contratantes sofrem ou podem sofrer importantes nuances que, sem a aplicação da boa-fé objetiva e seus deveres anexos, como a cooperação, por exemplo, se tornariam impossíveis[455].

---

[453] GHESTIN, Jacques. L'analyse économique de la clause générale. cit., p. 178.

[454] COUTO E SILVA, Clóvis. *A obrigação como processo*. 2. ed. Rio de Janeiro: FGV Editora, 2006.

[455] LEQUETTE, Suzanne. *Le contrat-coopération* – contribution à la théorie générale du contrat. Paris: Economica, 2012. p. 351. Nessa obra, a autora teoriza acerca de uma nova figura contratual: os "contratos-cooperação", nos quais as partes sempre terão interesses próprios, desvinculados e obrigações autônomas, contudo, haverá interligação em nível acentuado e muitos interesses convergentes, responsáveis para que o contrato seja útil e atinja-se o benefício comum. Cita exemplos de "contratos-cooperação" como os de distribuição, franquia etc. Entendemos que, na verdade, a autora está a tratar dos chamados contratos relacionais, que são contratos totalmente dependentes da boa-fé em grau intenso e, portanto, da cooperação, em especial, de modo que entendê-los como relacionais e tudo que isso representa, conforme delineamos no capítulo 1, já seria suficiente à compreensão do que se expõe.

Os deveres laterais, de fato, exigem maior atenção nos casos em que as obrigações das partes contratuais não se exaurem em única prestação e contraprestação. Há situações em que tais deveres são observados de modo mais abundante, tanto quantitativa quanto qualitativamente, que é o caso, justamente dos contratos relacionais[456].

Sem dúvida que a boa-fé objetiva e suas repercussões devam existir largamente no mundo das obrigações e dos contratos, sejam eles de que tipo forem, contudo, sua intensidade é muito maior em uma relação duradoura[457] e ainda mais acentuada em uma interação relacional.

Antonio Junqueira de Azevedo corrobora o entendimento supramencionado, remetendo ao pensamento segundo o qual a intensidade da boa-fé objetiva muda caso a caso, a depender do tipo negocial de que se trata. *In verbis*:

> É precisamente para conciliar a flexibilidade da boa-fé, inerente à sua qualidade de princípio, com as necessidades práticas da sua concretização, que se devem respeitar tanto as peculiaridades da categoria e do tipo de contrato a que ela se aplica, quanto seus níveis e funções. Isto significa que, apesar de cogente, a regra da boa-fé tem aplicações mais, ou menos, intensas, especialmente conforme suas funções e os tipos negociais[458].

E continua, tratando especificamente dos contratos relacionais, em que a dinâmica especial da relação exige aplicação intensa da boa-fé objetiva, a saber, *in verbis*:

> Inversamente, nos contratos de longa duração e em que há necessidade natural de contato permanente entre as partes ("contratos relacionais"), a dinâmica da relação contratual exige, pela relativa indeterminação de seu objeto, que vai se concretizando passo a passo, uma aplicação intensa da boa-fé como norma de colaboração –, e, portanto, em suas funções tanto interpretativa, com reforço do pactuado e criação de deveres de comportamento, quanto supletiva[459].

---

[456] E também dos contratos coligados, conforme Giovanni Ettore Nanni (O dever de cooperação nas relações obrigacionais à luz do princípio constitucional da solidariedade, cit., p. 304).

[457] PINTO, Carlos Alberto da Mota. *Cessão da posição contratual*, cit., p. 346.

[458] AZEVEDO, Antonio Junqueira de. Considerações sobre a boa-fé objetiva em acordo de acionistas com cláusula de preferência: excertos teóricos de dois pareceres. In: AZEVEDO, Antonio Junqueira de. *Novos estudos e pareceres de direito privado*, cit., p. 127.

[459] AZEVEDO, Antonio Junqueira de. Considerações sobre a boa-fé objetiva em acordo de acionistas com cláusula de preferência: excertos teóricos de dois pareceres. In: AZEVEDO, Antonio Junqueira de. *Novos estudos e pareceres de direito privado*, cit., p. 127.

A constatação de que a boa-fé objetiva tem maior intensidade nos contratos relacionais deve ser endereçada ao juiz, que, no momento de apreciar se houve quebra do objeto contratual pelo descumprimento de algum dever anexo de conduta, deve ter isso em mente para verificar eventuais efeitos da infração. Frise-se que o intérprete deve ater-se também às circunstâncias concretas daquela contratação, pois é na execução efetiva do negócio que se verifica a instrumentalização dos deveres anexos e torna-se possível aferi-los.

3.5 Descumprimento dos deveres correlatos à boa-fé objetiva

O descumprimento dos deveres anexos de conduta advindos da boa-fé objetiva tem especial relevância no âmbito dos contratos relacionais, haja vista a diferenciada intensidade e importância que exercem pela peculiaridade desse tipo de interação. Desse modo, interessa-nos averiguar algumas hipóteses dessa ocorrência.

A quebra de um dever anexo de conduta representa ferimento a regras, basicamente, não escritas, seja em termos contratuais, seja em termos legais, vez que decorrem do princípio da boa-fé objetiva, ou seja, um conceito aberto, o que demanda análise acurada das ações irregulares das partes.

Nesse sentido, não basta que o contratante cumpra com sua prestação obrigacional pura e simplesmente, porém, que o faça da forma mais adequada e cooperativa possível, no intuito de não gerar qualquer tipo de dano à contraparte[460]. Mas, na medida em que se quebrem deveres anexos de conduta advindos da boa-fé, estaríamos diante de responsabilidade civil contratual ou extracontratual?

Responder a essa indagação tem repercussões concretas, tais como saber se haverá cominação de penalidades contratualmente estabelecidas, como cláusulas penais, implicações no tocante à limitação contratual de responsabilidade, entre outros aspectos.

Os deveres laterais de conduta não estão expressamente estipulados no contrato, de modo que se concretizam, especialmente, nos contratos relacionais na

---

[460] FRADERA, Véra Maria Jacob de. A quebra positiva do contrato. *Revista da AJURIS*, Associação dos Magistrados do Rio Grande do Sul, n. 44, p. 144-152, nov. 1998. Sobre comportamento eivado de diligência, a bem de não causar danos à outra parte ver: LARENZ, Karl. *Derecho de obligaciones*. Madrid: Edersa, 1958. t. I, p. 62.

medida em que o contrato é executado e seu programa, cumprido. Contudo, eles decorrem da boa-fé objetiva, princípio e cláusula geral que regulam contratos, de sorte que, apesar de não estarem estabelecidos na conclusão do pacto, geneticamente, exsurgem funcionalmente, na fase de execução.

E devem ser cumpridos por um contratante em face do outro, de modo individualizado, sob pena de causarem efeitos contratuais, como a resolução do pacto, por exemplo. Logo, o descumprimento de deveres anexos de conduta gera responsabilidade civil contratual e não aquiliana[461].

Mais além vai o raciocínio de Carlos Alberto da Mota Pinto ao afirmar que a responsabilidade civil contratual, geradora do dever de indenizar, ultrapassa a fase de execução do contrato, ou mesmo a fase contratual, para estender-se à fase pós-contratual, após a resolução do pacto[462]. Ou seja, é o vínculo contratual que lastreia a conduta conforme os padrões da boa-fé objetiva, sendo o contrato fonte de perpetuação dos deveres anexos ou laterais de conduta, ainda que extinto (culpa *post factum finitum*)[463].

Essa mesma linha de raciocínio aplica-se aos contratos nulos, corroborando a tese de que, mesmo nesses contratos, efeitos são produzidos. De fato, os deveres anexos de conduta são prova da eficácia contratual de pacto declarado nulo[464].

Outro aspecto afeto ao descumprimento dos deveres anexos de conduta oriundos da boa-fé objetiva diz respeito à já referida violação positiva do contrato, que, sinteticamente, corresponde à figura doutrinário jurisprudencial destinada a fundamentar a responsabilização civil e aplicação do dever de indenizar em casos que fiquem entre a mora e o inadimplemento da prestação obrigacional[465].

O grande desenvolvedor da teoria na Alemanha em 1902, Hermann Staub, visava ao preenchimento de lacunas legislativas, de forma que os casos concretos subsumiam-se à espécie subsidiariamente. E as hipóteses subdividiam-se

---

461 MARQUES, Cláudia de Lima. *Contratos no Código de Defesa do Consumidor*, cit., 2. ed., p. 185.

462 PINTO, Carlos Alberto da Mota. *Cessão da posição contratual*, cit., p. 413.

463 MENEZES CORDEIRO, António Manuel da Rocha e. *Da boa-fé no direito civil*, cit., 1997, p. 630-631.

464 SOMBRA, Thiago Luís Santos. *Adimplemento contratual e cooperação do credor*. São Paulo: Saraiva, 2011. p. 149.

465 MENEZES CORDEIRO, António Manuel da Rocha e. *Da boa-fé no direito civil*, cit., 1997, p. 596.

em 4 (quatro) categorias. A primeira englobava o descumprimento de obrigações negativas; a segunda, o cumprimento não diligente ou negligente de prestações; a terceira, o cumprimento defeituoso de obrigações duradouras; e a quarta, a recusa antecipada do devedor de cumprir a devida obrigação[466].

Por seu turno, Menezes Cordeiro, em que pese defender a figura da violação positiva do contrato, sustenta que nem todas as supracitadas hipóteses devam ser contempladas como tal, argumentando que apenas o cumprimento defeituoso da prestação principal, não cumprimento de prestações secundárias e a violação de deveres anexos ou acessórios sejam parte do instituto[467].

De qualquer forma, para fins dos esforços aqui pretendidos, interessa-nos o aspecto da violação de deveres anexos de conduta oriundos da boa-fé objetiva. Haverá violação positiva do contrato mesmo que se descumpram deveres anexos, afora a prestação principal, objeto da obrigação contratada. Assim, eventual dano não decorreria apenas do descumprimento da prestação, porém, da quebra de um dever de conduta, comportamental, que, afinal, tinha a finalidade de assegurar um adimplemento o mais eficiente possível, evitando desgastes à contraparte pela execução do contrato[468].

A violação positiva do contrato refere-se também à hipótese de quebra antecipada do contrato propriamente dita, em que o devedor se recusa a adimplir com sua obrigação, deixando de efetivar sua prestação. Aqui, o credor não fica adstrito a aguardar pelo inadimplemento consolidado, ficando-lhe facultado, desde já, a quebra antecipada do negócio, requerendo a resolução do contrato[469].

Essa teoria é muito palpável relativamente aos contratos relacionais, tanto que fora concebida, na Alemanha, por Hermann Staub quando este se preocupou em resolver questões ligadas ao contrato de fornecimento, de modo que a quebra de prestações singulares geraria a viabilidade de se resolver o contrato.

---

[466] SILVA, Jorge Cesa Ferreira da. *A boa-fé e a violação positiva do contrato.* Rio de Janeiro: Renovar, 2002. p. 217.

[467] MENEZES CORDEIRO, António Manuel da Rocha e. *Da boa-fé no direito civil*, cit., 1997, p. 602.

[468] FRADA, Manoel Antonio Carneiro da. *Contrato e deveres de proteção.* Coimbra: Gráfica de Coimbra, 1994. p. 32.

[469] AGUIAR JÚNIOR, Ruy Rosado de. *Extinção dos contratos por incumprimento do devedor (resolução)*, cit., p. 126.

Veja que o descumprimento de uma prestação singular remeteria à própria quebra da confiança, que se liga diretamente à figura da boa-fé objetiva, de modo que se vislumbraria a possibilidade de quebra positiva do contrato pela quebra de deveres anexos de conduta, mormente, nos contratos relacionais, em que a boa-fé objetiva atua em alto grau de intensidade.

A quebra positiva do contrato pode ser aplicada no Brasil, em que pese a falta de normatização específica, pelo viés da boa-fé objetiva, conforme é, inclusive, indicação do Enunciado n. 24 da I Jornada de Direito Civil do Centro de Estudos Judiciários do Conselho de Justiça Federal[470], *in verbis*:

> Enunciado n. 24 – Art. 422: Em virtude do princípio da boa-fé, positivado no art. 422 do Novo Código Civil, a violação dos deveres anexos constitui espécie de inadimplemento, independentemente de culpa.

Isso posto, havendo a efetivação do descumprimento de dever anexo de conduta oriundo da boa-fé objetiva, exsurgem certos efeitos possíveis, entre eles, a depender da gravidade, pode estar a resolução do contrato. Vejamos que as interações relacionais são complexas, exigem forte e constante cooperação entre as partes, além de muito confiança, lealdade e transparência, sendo certo que nasce uma tal interdependência entre os contratantes ao longo do tempo, de modo que, por isso mesmo, a quebra de um dever lateral pode ser grave a ponto de colocar toda a contratação a perder, sendo o único deslinde possível a resolução contratual[471].

Outra consequência plausível para a quebra de deveres anexos de conduta oriundos da boa-fé objetiva dentro de um contrato relacional seria a execução específica. De plano, não seria um efeito comumente imaginável, notadamente, pela abstração inicial que caracterizam os deveres anexos de conduta em uma interação contratual relacional, de modo que, conforme asseverado anteriormente, são apenas verificáveis na medida em que a execução se protrai no tempo. Observarmos que os deveres anexos são, também, pouco aferíveis por assim dizer[472].

Mais ainda, teria que se verificar a utilidade na execução específica de um dever anexo de conduta, o que também não é muito fácil de se encontrar, pela

---

[470] SCHUNK, Giuliana Bonanno. *Contratos de longo prazo e dever de cooperação*, cit., p. 196.

[471] AGUIAR JÚNIOR, Ruy Rosado de. *Extinção dos contratos por incumprimento do devedor (resolução)*, cit., p. 126.

[472] FRADA, Manoel Antonio Carneiro da. *Contrato e deveres de proteção*, cit., p. 39.

natureza da obrigação acessória. Todavia, há casos em que isso se verifica e a execução específica torna-se perfeitamente admissível[473].

Uma terceira hipótese como consequência à violação de deveres anexos de conduta seria a exceção de contrato não cumprido, prevista no art. 473 do Código Civil. Como já salientado, nos contratos relacionais, os deveres anexos de conduta oriundos da boa-fé objetiva ocupam lugar de importância equivalente ao da prestação em si considerada, de forma que o contexto de seu (in) adimplemento merece o mesmo nível de interesse desta.

Dessa forma, se uma parte contratante descumpre um desses deveres anexos, seria natural imaginar que a parte prejudicada tenda a, no mínimo, suspender a execução de suas obrigações contratuais, pelo menos até que a parte infratora recupere a adimplemento de seus deveres laterais de conduta[474].

Esse recurso guarda, o que tem fundamento em uma das repercussões da boa-fé objetiva, o *tu quoque* (vedação a comportamentos do tipo "dois pesos e duas medidas"), toda consonância com a lógica relacional da interdependência, complexidade e desejo do tempo prolongado para que se chegue eficientemente ao benefício mútuo, na medida em que, muitas das vezes, será mais interessante tentar manter o contrato existente, válido e eficaz apesar de um inadimplemento eventual, em que pese o abalo da confiança. Obviamente, para que se dê essa situação, a prestação inadimplida ainda há que ser útil ao prejudicado.

Possivelmente somados às 3 (três) figuras supramencionadas, estarão sempre as perdas e danos, o que não desperta grandes interesses, eis que fruto de disposições bem conhecidas do Código Civil, arts. 389, 402 e seguintes. Não obstante, pode não ser uma ferramenta de principal utilização no caso de inadimplemento contornável no seio de um contrato relacional, em que as interações são complexas e flexíveis.

---

[473] SCHUNK, Giuliana Bonanno. *Contratos de longo prazo e dever de cooperação*, cit., p. 213-214.

[474] PEREIRA, Paulo Sérgio Velten. *A exceção do contrato não cumprido fundada na violação de dever lateral.* Dissertação (Mestrado) - Faculdade de Direito, Pontifícia Universidade Católica, São Paulo, 2008. p. 182.

3.6 Ocorrência no Código Comercial do Império

Por vezes, parte da doutrina ignora a realidade dos contratos empresariais, prendendo-se a análises meramente teóricas, em detrimento de buscar aprofundar-se nas verdadeiras problemáticas, a fim de encontrar soluções para as crises existentes, que afloram de acordo com a dinâmica socioeconômica de cada tempo. Pode-se atribuir responsabilidade ao movimento positivista da década de 1980, o qual, a fim de atribuir segurança jurídica e previsibilidade ao sistema, relegava a atividade interpretativa a segundo plano[475].

Segundo a súmula de Gaudemet, sobre a Escola Exegética, diz-se o seguinte:

> [...] toute solution juridique doit se tirer d'um texte du Code, soit directement, soit par deduction, soit par induction; (...) tout problème de droit se réduit à la recherché de la volonté, expresse ou présumée, du législateur[476].

A interpretação deveria limitar-se a casos excepcionais e acidentais de obscuridade na lei específica, sob pena de o intérprete sair do nível da interpretação para chegar a formatar o direito.

Esse cenário, há que se entender, não fazia parte do momento atual, em que se deu conta de que o regramento jurídico de paradigmas clássico e neoclássico, formados para tratar dos contratos de intercâmbio – nos quais há prestação e contraprestação que se exaurem no momento e junto com o adimplemento –, não serve suficientemente bem aos contratos de longa duração, que tem como cerne uma relação duradoura, e não apenas uma troca instantânea[477].

Até pouco tempo atrás, as considerações jurídicas acerca dos negócios jurídicos mercantis giravam em torno de contratos em que o lucro de uma das partes significava o prejuízo da outra, tal qual uma compra e venda, em que o vendedor deseja vender pelo maior preço possível, enquanto o comprador deseja comprar pelo menor[478].

---

[475] FORGIONI, Paula A. Apontamentos sobre algumas regras de interpretação dos contratos comerciais: Pothier, Cairu e Código Comercial de 1850. *Revista de Direito Mercantil*, v. 141, p. 31, 2007.

[476] GAUDEMET, Eugène. *L'interpretation du Code Civil en France depuis 1804*. La Mémoire du Droit. Paris, 2002. p. 51.

[477] FORGIONI, Paula A. Apontamentos sobre algumas regras de interpretação dos contratos comerciais, cit., p. 32.

[478] Há que se mencionar Tulio Ascarelli como exceção a esse pensamento, especialmente, quando tratou dos contratos plurilaterais (*O contrato plurilateral. Problemas das sociedades anônimas e direito comparado*, cit., p. 273-332.

Nada obstante, fazendo um corte direto para a atualidade, observamos que as empresas, ao celebrarem seus contratos com outros agentes econômico empresariais, primam pelos contratos ditos relacionais, em que uma parte não enxerga a outra como contraparte, mas sim como parceiro-colaborador, sem o qual não se atinge o lucro[479].

Obviamente, excepcional seria o contrato em que ambas as partes tivessem 100% (cem por cento) de interesses comuns, sob pena de anularem-se e o contrato não ter razão de existir. Ocorre que o caráter colaborativo suplanta o interesse unicamente pessoal. Paula A. Forgioni exemplifica esse tipo de relação com o contrato de distribuição ou concessão comercial:

> O fabricante fornece produtos ao distribuidor pelo maior preço de venda possível. O fornecedor beneficia-se com o maior volume de vendas efetuadas pelo distribuidor. Vejamos que, no primeiro momento, há conflitos entre as partes no preço de aquisição dos bens. Contudo, num segundo momento, deverá haver colaboração mútua, uma vez que quanto mais vendas fizer o distribuidor, maior lucro ambas as partes auferirão. Tal fato implica em reflexões de ambas as partes sobre a primeira etapa do negócio entre elas, as quais, certamente, chegarão a um meio termo, tal que possam acomodar-se em posição igualmente satisfativa a ambas[480].

A longa duração não é apenas consequência do negócio estabelecido nos contratos relacionais, mas é algo realmente desejado pelas partes, de modo que, de antemão, deve ser bem planejada. Quer dizer, busca-se planejamento no que tange às formas de solução de eventuais crises que possam surgir, de sorte que tais regras são tão importantes quanto aquelas que tocam as trocas em si consideradas[481].

Por isso, as partes, costumeiramente, valem-se de termos amplos e cláusulas abertas, lançando-se base para eventual futuro colaborativo que preencherá o contrato, em vez do engessamento *a priori*. Nesse momento, estabelece-se interdependência entre as partes, uma vez que o sucesso da operação como um

---

[479] FORGIONI, Paula A. Apontamentos sobre algumas regras de interpretação dos contratos comerciais, cit., p. 32.

[480] FORGIONI, Paula A. Apontamentos sobre algumas regras de interpretação dos contratos comerciais, cit., p. 32-33.

[481] FORGIONI, Paula A. Apontamentos sobre algumas regras de interpretação dos contratos comerciais, cit., p. 33.

todo depende da colaboração mútua, que, finalmente, reverterá êxito às partes individualmente consideradas[482].

O direito comercial sempre teve uma veia pela qual circula o pragmatismo, especialmente no sentido de prover a seus agentes condições para a prática da atividade negocial, antiga "atividade dos mercadores", no sentido de diminuir custos de transação e eliminar efeitos autodestrutíveis ínsitos ao próprio sistema[483].

Em respeito à interpretação contratual, mesmo as antigas direções do direito comercial já atendiam, portanto, à tarefa de fomentar e tornar mais fluidas as relações de mercado, fornecendo-lhes segurança jurídica e previsibilidade, especialmente, quando permeadas pela força atribuída à boa-fé objetiva, em que conviviam a confiança, proteção à legítima expectativa lançada para a outra parte, colaboração[484].

Tais regras de interpretação já atendiam, pois, a uma racionalidade jurídica[485], tendo sido as mais importantes sistematizadas por Pothier[486], as quais foram editadas em 1976 e vertidas para a língua portuguesa em 1835 por Corrêa Telles, acabando por serem positivadas na legislação pátria por meio do art. 131 do Código Comercial de 1850, pela via da influência sofrida pelo Visconde de Cairu do *Code* de Napoleão de 1804[487].

Vale a digressão mais aprofundada acerca de tais regras de interpretação aplicáveis a contratos mercantis, as quais notoriamente têm caráter de exigência ética na conduta relacional, que, atualmente, subsumem-se às dimensões do princípio da boa-fé objetiva.

---

482 FORGIONI, Paula A. Apontamentos sobre algumas regras de interpretação dos contratos comerciais, cit., p. 33.

483 NORTH, Douglas C. *Institutions, transaction costs, and the rise of Merchant empires.* The Political Economy of Merchant Empires. New York: Cambridge University Press, 1991. p. 22-40.

484 FORGIONI, Paula A. A interpretação dos negócios empresariais no novo Código Civil brasileiro. *RDM*, São Paulo, Malheiros, 1.30/7-38, 2003.

485 FORGIONI, Paula A. A interpretação dos negócios empresariais no novo Código Civil brasileiro, cit.

486 MENEZES CORDEIRO, António Manuel da Rocha e. *Da boa-fé no direito civil*, cit., 1997, p. 242 e ss.

487 HALPÉRIN, Jean-Louis. *La lecture de Pothier per la doctrine du XIX siècle, Robert Joseph Pothier, d'hier à aujourd'hui.* Paris: Economica, 2001. p. 66 e ss.

A primeira regra dá conta de que nos pactos mais se deve averiguar as intenções das partes ao contratar do que se ater ao sentido literal ou gramatical das palavras que formam o contrato. Pothier refere-se, na verdade, à intenção comum das partes e não apenas à intenção das partes isoladamente consideradas, ou seja, ao *intento comum* ou à causa objetiva, à função econômica atribuída pelas partes ao contrato ou o que no mercado se busca com esta ou aquela prática[488].

Há que se verificar que os atores econômicos não contratam sem um objetivo prático claro, sendo certo que ao contratar auferirão mais vantagens do que teriam se permanecessem inertes, pelo menos é o que concluem no momento da celebração do negócio[489]. Pode até ser que essa perspectiva frustre-se no futuro, momento em que caberá a ruptura do pacto ou a adoção de mecanismos de rearranjo contratuais, permeados pela boa-fé objetiva nos contratos relacionais, especialmente.

Além disso, os contratos interempresariais nascem das necessidades econômicas vividas na prática pelos empresários. Logo, não estão formatados *a priori* em um código de leis ou outro instrumento que o valha[490]. Como servem às necessidades empresariais, são desenhados pelos próprios contratantes inseridos no mercado, o que sobressalta ainda mais o papel tanto nutritivo quanto corretivo que deve desempenhar a figura da boa-fé objetiva.

A segunda regra emite comando no sentido de que quando uma cláusula contratual for equívoca, deve-se adotar o sentido que lhe dê efeito prático. Não aquele que lhe retiraria efeitos. Como decorrência da primeira regra, supracitada, se as partes contratam para atingirem uma finalidade, a interpretação deve sempre levar à consecução dessa causa econômica, sob pena de negar-se pressuposto de existência[491].

Similarmente à segunda regra, sem com ela confundir-se, entretanto, segue a terceira regra, de acordo com a qual quando houver termos contratuais suscetíveis de mais de um sentido, estes devem ser compreendidos no sentido que mais convier à natureza do contrato.

---

488 FORGIONI, Paula A. Apontamentos sobre algumas regras de interpretação dos contratos comerciais, cit., p. 34-35.

489 CHIOVENDA. *Istituzioni di diritto processuale civile.* Napoli: Jovene, 1933. v. I, p. 188.

490 FORGIONI, Paula A. Apontamentos sobre algumas regras de interpretação dos contratos comerciais, cit., p. 35.

491 FORGIONI, Paula A. Apontamentos sobre algumas regras de interpretação dos contratos comerciais, cit., p. 35.

A tal "natureza do contrato" está ligada aos efeitos que dele costumam decorrer em sua função econômica, a qual já foi referida pelo art. 131 do Código Comercial de 1850[492].

A quarta regra dita que se deve interpretar conforme os usos do país aquilo que seja ambíguo em um contrato. Em atendimento ao princípio da boa-fé objetiva, em todas as suas dimensões, protegendo-se a legítima expectativa que seja gerada na outra parte, não se poderia admitir que a interpretação fosse diversa da práxis do sistema de direito privado. Nesse sentido, os usos e costumes não seriam apenas fonte de direito, mas critério de interpretação contratual[493].

Assim, haverá sempre maior previsibilidade e segurança negocial, uma vez que os efeitos tipicamente práticos das contratações são, mais que conhecidos, desejados pelos contratantes, autorizando a interpretação conforme os usos e costumes. Não quaisquer usos e costumes, mas aqueles ocorrentes em determinado mercado, atingindo certo grupo de pessoas[494].

A quinta regra assevera que os usos e costumes detêm tanta importância na interpretação dos contratos que cláusulas de usos e costumes são pressupostas, ainda que não expressas nas cláusulas contratuais. Trata-se da função integrativa dos usos, preenchendo eventuais lacunas, a qual foi expressamente disposta pela via do art. 133 do Código Comercial do Império[495].

Essa regra liga-se fortemente à ideia de boa-fé objetiva na medida em que preserva a legítima expectativa lançada sobre a outra parte, já que pertencente ao contrato toda a práxis da comunidade local, ensejando a possibilidade de prever e assegurar a atuação e comportamento do contratante.

A sexta regra tange à interpretação sistemática e una, partindo da premissa de que o contrato é uno, em que pese se dividir em cláusulas que tratam de diferentes aspectos. Nessa linha de raciocínio, a qualquer das cláusulas deve-se interpretar tendo em consideração as demais, sejam anteriores ou posteriores,

---

492 FORGIONI, Paula A. Apontamentos sobre algumas regras de interpretação dos contratos comerciais, cit., p. 35-36.

493 FORGIONI, Paula A. Apontamentos sobre algumas regras de interpretação dos contratos comerciais, cit., p. 36.

494 FORGIONI, Paula A. Apontamentos sobre algumas regras de interpretação dos contratos comerciais, cit., p. 36.

495 FORGIONI, Paula A. Apontamentos sobre algumas regras de interpretação dos contratos comerciais, cit., p. 36.

sob pena de chegar-se a conclusões incongruentes com a função econômica do contrato[496].

A sétima regra informa que, na dúvida, deve-se interpretar uma cláusula contra aquele que haja estipulado a obrigação e determinado a redação contratual, desprezando-se interpretações extensivas que possam prejudicar o agente em estado de hipossuficiência. Essa regra é muito presente nos contratos de adesão, já mencionados anteriormente neste trabalho, ampliando-se aos contratos empresariais, adesivos ou não[497].

Já a oitava regra dispõe que não cabem interpretações extensivas tais que retirem o foco da função econômica em nome da qual foi concebido o contrato, por mais genéricas que sejam suas cláusulas[498].

A nona regra refere-se à integralidade do objeto do contrato quando este se refira a uma universalidade, sendo certo que se deva considerar cada ponto particular do objeto, ainda que não mencionado explicitamente. A título exemplificativo, o art. 1.148 do Código Civil Brasileiro está amparado e embasado por essa regra de interpretação dos contratos empresariais, considerando negócios que envolvem as universalidades[499].

As décima, décima primeira e décima segunda regras tratam de formas destinadas à medição da intenção das partes no momento da celebração do negócio jurídico. É regra de interpretação objetiva, desprezando-se, pois, a dimensão íntima. Mira-se a motivação objetiva comum aos contratantes[500].

O art. 131 do Código Comercial de 1850 representa parâmetro de interpretação e integração contratual. Sua revogação é notória, mas não levou à retirada das pautas contidas naquele dispositivo legal. Do mesmo modo, não se pode ignorar ou revogar as supracitadas regras de interpretação dos contratos mercantis de Pothier[501].

---

[496] FORGIONI, Paula A. Apontamentos sobre algumas regras de interpretação dos contratos comerciais, cit., p. 36-37.

[497] FORGIONI, Paula A. Apontamentos sobre algumas regras de interpretação dos contratos comerciais, cit., p. 37.

[498] FORGIONI, Paula A. Apontamentos sobre algumas regras de interpretação dos contratos comerciais, cit., p. 37.

[499] CAMPOBOSSO. *Diritto commerciale* – Diritto dell'impreza. 3. ed. Torino: Utel, 1997. p. 137.

[500] FORGIONI, Paula A. Apontamentos sobre algumas regras de interpretação dos contratos comerciais, cit., p. 37.

[501] FORGIONI, Paula A. Apontamentos sobre algumas regras de interpretação dos contratos comerciais, cit., p. 37.

Nesse contexto, faz-se mister atribuirmos a devida importância ao art. 131 do Código Comercial de 1850. Assim como a suprarreferida quinta regra de interpretação de Pothier, dispõe sobre a aplicação dos usos e costumes do mercado como fonte normativa, integrando termos e cláusulas contratuais[502].

No que tange à realidade tipicamente brasileira, devemos dar relevo a alguns aspectos referentes à interpretação contratual lecionados pelo Visconde de Cairu, não só atrelados, mas embasados no já estudado Pothier. Cairu conceitua o contrato como "consenso recíproco de duas ou mais pessôas sobre fazer ou dar alguma cousa", repercutindo, tal definição, em certas pontuações acerca de regras interpretativas[503].

Uma delas diz respeito à vontade dos contratantes, que deve ser interpretada de acordo com os usos e costumes, refutando-se qualquer interpretação que leve à supremacia da causa subjetiva sobre a causa objetiva. Novamente, a função econômica do contrato deve prevalecer, sendo certo que a finalidade do negócio deve determinar sua espécie[504].

Assim, o comportamento padrão a ser "estandardizado" é aquele do comerciante habituado a praticar aquele ato no mercado em que atua. Não o do homem médio comum. Eis que a interpretação mais adequada de cada negócio (ou de cada cláusula de um contrato) pressupõe o conhecimento concreto de sua ocorrência prática[505].

A racionalidade utilizada para a interpretação contratual, a fim de se investigar se determinado comportamento é lícito ou ilícito, deve ser conforme a boa-fé objetiva, afastando-se eventual racionalidade oportunista ou predatória do êxito da finalidade ou função econômica contratual. Refere-se ao "espírito do contrato", o qual considera elementos da boa-fé objetiva, como a mútua confiança, a lealdade e a cooperação[506].

---

502 FORGIONI, Paula A. Apontamentos sobre algumas regras de interpretação dos contratos comerciais, cit., p. 38.

503 LISBOA, José da Silva. *Princípios de direito mercantil e leis de marinha*. 6. ed. Rio de Janeiro: Typographia Acadêmica, 1874. p. 469 e ss.

504 TEIXEIRA DE FREITAS, Augusto (Org.). *Regras de direito:* seleção clássica em quatro partes. São Paulo: Lejus, 2000. p. 15.

505 FORGIONI, Paula A. Apontamentos sobre algumas regras de interpretação dos contratos comerciais, cit., p. 38.

506 FORGIONI, Paula A. Apontamentos sobre algumas regras de interpretação dos contratos comerciais, cit., p. 38.

Outro ponto central do pensamento de Cairu considera que os usos e costumes devam vir sempre ligados à boa-fé objetiva, o que se coaduna com o pensamento moderno, inclusive e especialmente, sob a ótica relacional. Na verdade, os usos e costumes afastariam o elemento subjetivo da boa-fé, permitindo instrumentalizá-la com maior facilidade[507].

A este respeito, de muita valia verificarmos as lições literais do Visconde de Cairu. *In verbis*:

> O Contrato feito por qualquer dos Sócios em nome social obriga a todos os outros quanto aos negocios da Sociedade, ainda que na estipulação se não fizesse menção dos mesmos Socios, e aliás no escripturado Acto social seja convindo, que a Sociedade fosse só administrada por hum Caixa: pois assim o pede a boa-fé, e o gyro mercantil; ninguém tendo a obrigação de examinar, se cada Socio he ou não o Caixa, ou o acreditado pra tratar dos negocios da Sociedade[508].

Cairu, nessa passagem, trata especificamente do contrato de sociedade, mas é evidente que o mesmo raciocínio se aplica a todo o direito não só comercial como privado, notadamente, quando abrange seus contratos. "Gyro mercantil" é a tradução para a atual designação de "adequada fluência de relações de mercado". Ou seja, Cairu defende que é preciso dar proteção às relações comerciais e sua aparência para que tenham e mantenham fluidez, sendo certo que a intensa aplicação da boa-fé objetiva e a predominância daquilo que aparece sobre a eventual vontade do contratante conferem a confiança necessária ao mercado, levando à celeridade do fluxo das relações econômicas[509].

Mais que isso, Cairu afirma que todo negócio é uno, não se podendo segmentá-lo a ponto de tentar retirar-lhe efeitos desfavoráveis para deixar aqueles supostamente favoráveis, sob pena de subverter-se a boa-fé objetiva e, portanto, a confiança, afetando a boa fluidez das relações de mercado.

Como se vê, a aplicação da boa-fé objetiva às contratações empresariais tem tratamento antigo. Partindo-se da premissa de que os contratos empresariais são campo fértil para a presença do traço da relacionalidade, vemos que a boa-fé objetiva no âmbito desses contratos, mesmo que assim não fossem designados, também já foi espécie verificada não só doutrinária,

---

507 FORGIONI, Paula A. Apontamentos sobre algumas regras de interpretação dos contratos comerciais, cit., p. 38.

508 LISBOA, José da Silva. *Princípios de direito mercantil e leis de marinha*, cit., p. 479.

509 ALPA, Guido; BESSONE, Mario. *Elementi di diritto privato*. Roma: Latezza, 2001. p. 159.

mas também legislativamente, pela via do vanguardista art. 131 do Código Comercial de 1850.

Instrumentalizada pelos usos e costumes, não só serve de mecanismo de solução de crises, porém, de parâmetro interpretativo, assim como selo de confiabilidade externa nos negócios, fomentando o necessário "gyro mercantil" às relações de mercado, as quais impulsionam a economia e geram frutos a toda sociedade.

Logo, a boa-fé objetiva não é um fim em si mesma, mas serve como resposta a várias necessidades práticas do direito contratual relacional, especialmente, dotada de função instrumental e sistêmica.

3.7 O exemplo dos contratos previdenciários

A abordagem relacional oferece subsídios para o tratamento de problemáticas envolvendo os contratos previdenciários relacionados ao controle de fundos.

Albert Hirschmann cogita 3 (três) opções possíveis a agentes e consumidores pertencentes a uma estrutura de mercado: a primeira seria a saída, a autoexclusão do mercado; a segunda seria a opção "voz", ou seja, fazer valer os seus direitos; e a terceira seria a opção "lealdade", quer dizer, uma solução negociada quando quer que surja um problema[510].

Ronaldo Porto Macedo Junior depara-se, igualmente, com essas mesmas opções ao analisar os mecanismos de defesa cabíveis aos consumidores no mercado. *Ab initio*, os contratos previdenciários devem ser entendidos em meio à sua característica complexidade. *Vide* o fato de estarem, no mais das vezes, imersos no mesmo oceano pertencente à contratação laboral do consumidor e trabalhador em questão[511].

Desse aspecto deu-se conta antecipadamente o direito norte-americano (meados de 1949) comparativamente ao brasileiro. Nos Estados Unidos da América, inclusive, os contratos previdenciários são tratados como elementos de catividade e estimuladores da confiança dos trabalhadores nas empresas[512].

---

[510] HIRSCHMANN, Albert O. *Saída, voz e lealdade*. São Paulo: Perspectiva, 1973. p. 30-34.

[511] MACEDO JÚNIOR, Ronaldo Porto. *Contrato previdenciário como contrato relacional*, cit., acesso em: 10 out. 2014.

[512] PÓVOAS, Manoel Soares. *Previdência privada*. Rio de Janeiro: Fundação Escola Nacional de Seguros, 1985. p. 51.

Disso decorre a necessidade de reconhecer-se que os contratos previdenciários passem longe de uma classificação descontínua[513].

Ademais, excluída a solução da "saída" do mercado, mister fomentar o crescimento da "voz" do consumidor nos contratos, assim como as soluções baseadas na "lealdade" negocial como mecanismos de resolução de conflitos contratuais previdenciários, não apenas para evitar-se a chamada gestão fraudulenta, como a má (ou incompetente) gestão.

Ou mesmo aquela gestão que, de alguma forma ou em algum ponto, contrarie os legítimos interesses dos pensionistas[514]. Tudo em nome da manutenção do equilíbrio contratual e da presença da boa-fé objetiva nas relações entre as partes.

Isso pode dar-se de forma direta, com a efetiva participação dos consumidores pensionistas na administração dos fundos[515], como também pode dar-se de forma indireta, com a efetivação do controle dos fundos de pensão por órgãos e/ou agentes públicos de fiscalização, como, exemplificativamente, o Ministério Público[516].

Voltando à opção "saída" do consumidor. Aqui também encontramos um mecanismo que pode servir de garantia ao contratante, a quem sempre deveria caber a opção de transferir os seus recursos (portabilidade ou "portability")

---

[513] MACEDO JÚNIOR, Ronaldo Porto. *Contrato previdenciário como contrato relacional*, cit., acesso em: 10 out. 2014.

[514] MACEDO JÚNIOR, Ronaldo Porto. *Contrato previdenciário como contrato relacional*, cit., acesso em: 10 out. 2014.

[515] Para o caso alemão, ver Michael Best, *The new competition. Institutions of industrial restructuring*. Harvard University Press, 1990; KOCKA, Jurgen. The rise of modern industrial enterprise in Germany. In: CHANDLER, Alfred; DAEMS, Herman (Ed.). *Managerial hierarchies*. Cambridge: Harvard University Press, 1980; ROE, Mark J. Some differences in corporate structure in Germany, Japan, and the United States, 102, *Yale Law Journal*, June, 1993 e também SABEL, Charles F.; PIORE, Michael J. *The second industrial divide:* possibilities for prosperity. Basic Books, 1984.

[516] Ronaldo Porto Macedo Junior critica com veemência a ausência de possibilidade de fiscalização dos fundos, seja preventiva, seja repressivamente, por parte do Parquet: É surpreendente e injustificável que o Ministério Público que desempenha papel de destaque na proteção contratual do consumidor não esteja autorizado a realizar o controle preventivo dos fundos, a exemplo do controle que exerce perante as fundações. É espantoso também que a Lei n. 6.435/77 expressamente exclua o Parquet de tal tarefa. Inadmissível também que os consumidores não disponham sequer de mecanismos de proteção existentes para o acionista, que pode contar com o preço de venda das ações no mercado, avaliações e dispõe ainda da opção de venda de suas ações (MACEDO JÚNIOR, Ronaldo Porto. *Contrato previdenciário como contrato relacional*, cit., acesso em: 10 out. 2014).

quando perca a confiança na empresa ou mude de emprego, reduzindo, inclusive, sua dependência ou catividade em relação ao empregador[517].

O desenvolvimento destes e a criação de outros mecanismos que garantam o (re)equilíbrio contratual efetivo e a amplificação do princípio da boa-fé objetiva farão os contratos previdenciários deixarem de ser um exemplo de contrato cativo, em que a sujeição do consumidor chega a ser um elemento da relação contratual, para serem exemplo de contrato relacional[518].

O princípio da boa-fé objetiva deve servir para garantir que o consumidor menos favorecido tenha acesso às mesmas vantagens e condições oferecidas aos consumidores mais privilegiados, sempre que isso for adequado e possível. Isso poderia/deveria ocorrer naturalmente pela aplicação da legislação eventualmente existente, mas em grande medida, no caso de lacunas ou dificuldade institucional de aplicação da lei, exigirá a criação de mecanismos jurídicos específicos para a garantia de sua efetividade, o que poderia se efetivar por meio da aplicação do princípio da boa-fé objetiva[519].

3.8 O exemplo dos contratos de cessão de espaço nos shopping centers

As relações entre lojistas (locatários) e empreendedores (locadores) em shopping centers está longe de configurar uma relação locatícia comum. Tais espaços comerciais representam verdadeira revolução negocial sob variados pontos de vista, entre eles o econômico e o jurídico.

Caracterizam um complexo sistema organizacional que tem seu sucesso dependente da interação e repartição de esforços dos seus membros integrantes. Conforme Orlando Gomes, há "núcleo unitário de interesses" no contexto de uma "relação associativa"[520], que converge a imputar a lojistas e

---

517 LANGBEIN, John H.; WOLK, Bruce A. *Pension and employee benefit law*. New York: The Foundation Press, 1995. p. 83.

518 MACEDO JÚNIOR, Ronaldo Porto. *Contrato previdenciário como contrato relacional*, cit., acesso em: 10 out. 2014.

519 MACEDO JÚNIOR, Ronaldo Porto. *Contrato previdenciário como contrato relacional*, cit., acesso em: 10 out. 2014.

520 GOMES, Orlando. Traços do perfil jurídico de um shopping center. In: ARRUDA, José S.; LOBO, Carlos A. da Silveira (Coord.). *Shopping centers* – aspectos jurídicos. São Paulo: RT, 1984. p. 91.

empreendedores apresentação de centros de interesses instrumentalizados por um contrato grupal[521].

Ora, assim como uma loja estabelecida autonomamente em algum endereço comercial diferencia-se de uma outra localizada nas dependências de um shopping center, obviamente, a relação locatícia entre lojista e empreendedor diverge daquela relação locatícia comum. Portanto, estranheza traz o fato de a legislação pátria atinente ao tema dar pouca atenção a esse detalhe.

A causa econômica de uma relação locatícia de shopping center é totalmente diversa daquela existente em uma locação não residencial ordinária[522], sendo certo que compreende formas diferenciadas e específicas de alocação do espaço físico, particular e comum, do estabelecimento do valor do aluguel (contrato *res sperata*), assim como há integração dos interesses dos diversos agentes sediados no empreendimento[523].

Tal integração leva necessariamente a uma relação de parceria entre os lojistas e o empreendedor, instrumentalizada por estratégias comuns de marketing e fidelização da clientela, visando tanto ao gozo de prestígio e confiabilidade dos consumidores em geral, quanto ao conseguinte aumento da lucratividade conjunta[524].

Disso decorre a necessidade de presença intensa de deveres mútuos de lealdade e colaboração nessas relações, ou seja, da aplicação do princípio da boa-fé objetiva na interpretação desses negócios, notadamente, os locatícios, que são, mesmo que efemeramente, regidos pela Lei Locatícia[525].

Analisar tais contratos do ponto de vista externo permite-nos classificá-los como bilaterais, onerosos, comutativos e consensuais. Já do ponto de vista interno, prisma por meio do qual se observam os deveres advindos do vínculo, consignamos que esses contratos são não só "de duração", mas relacionais, haja

---

[521] COMPARATO, Fábio Konder. A cláusula de não concorrência nos "shopping centers". *Revista de Direito Mercantil*, n. 97, 1995. p. 24.

[522] LANGONI, Carlos Geraldo. Shopping centers no Brasil. In: ARRUDA, José S.; LOBO, Carlos A. da Silva (Coord.). *Shopping Centers* - aspectos Jurídicos. São Paulo: RT, 1984. p. 56-70.

[523] MARTINS-COSTA, Judith. A relação contratual de shopping center. *Revista do Advogado*, São Paulo, AASP, v. 116, 2002. p. 111.

[524] CARVALHOSA, Modesto. Considerações sobre relações jurídicas em "shopping centers". In: PINTO, Roberto W. Renault; OLIVEIRA, Fernando A. Albino de (Coord.). *Shopping Centers* – Questões jurídicas. São Paulo: Saraiva, 1991. p. 164.

[525] MARTINS-COSTA, Judith. A relação contratual de shopping center, cit., p. 111.

vista a alta intensidade da necessária colaboração e lealdade entre as partes, invocando-se sempre a boa-fé objetiva a bem de sua execução contínua e formativa ao longo do tempo[526].

Segundo explicita Larenz, os contratos duradouros podem definir-se por aqueles que não se esgotam no adimplemento de uma prestação, que nasce para logo, em momento subsequente, extinguir-se. Ao contrário, seu objeto clama pela periodicidade das prestações, que se renovam ao longo do tempo[527].

Veja-se que o elemento tempo liga-se intrinsecamente com o conteúdo da prestação, individualizando-a[528]. A duração é um efeito do contrato, já que ínsito ao interesse contratual das próprias partes, que buscam a satisfação continuada da necessidade prestacional que as levou a contratar. Prolongar-se no tempo é uma própria função do contrato. Ele nasce e existe justamente para essa finalidade[529].

As relações decorrentes de negócios jurídicos de locação em shopping centers são, em regra, duradouras. Mas não só. Além de duradouras, são forjadas em meio ao marcante traço relacional que as distingue de locações comuns, já que se encontram elementos como a pessoalidade, a confiabilidade e a abertura e flexibilidade para planejamento e replanejamento ao longo e durante a execução, conforme a já mencionada doutrina de Ian Macneil.

Doutrina esta que, apesar de não levar tal denominação, bem antes da penetração que se desenvolveu entre juristas e julgadores brasileiros, a partir dos norte-americanos, já havia tido formulações similares por Clóvis do Couto e Silva, especialmente quando se referiu à "maior consideração à pessoa, partícipe do vínculo, com maior intensidade de deveres, resultante da concreção do princípio da boa-fé"[530].

Os contratos relacionais são contratos de colaboração por excelência, como costuma asseverar Judith Martins-Costa[531], já que o elemento cooperação vive em seu cerne[532]. No caso dos shopping centers, a colaboração é necessária

---

526 MARTINS-COSTA, Judith. A relação contratual de shopping center, cit., p. 113.

527 LARENZ, Karl. *Derecho de obligaciones*, cit., p. 41 e ss.

528 OPPO, Giorgio. I contratti di durata – Parte I, cit., p. 148.

529 MARTINS-COSTA, Judith. A relação contratual de shopping center, cit., p. 113.

530 COUTO E SILVA, Clóvis. *A obrigação como processo*, cit., p. 165.

531 MARTINS-COSTA, Judith. A relação contratual de shopping center, cit., p. 113.

532 AZEVEDO, Antonio Junqueira de. (Parecer). Natureza jurídica do contrato de consórcio (sinalagma indireto). Onerosidade excessiva em contrato de consórcio. Resolução parcial

para fazer funcionar a supramencionada estrutura econômico jurídica, fazendo crescer intensamente a importância da aplicação do princípio da boa-fé objetiva como matriz dos deveres contratuais de cooperação (e lealdade)[533].

A boa-fé objetiva faz estabelecer um certo padrão comportamental norteando condutas e fomentando a confiança recíproca entre as partes contratantes[534]. Tal padrão, direcionado pelo princípio da boa-fé objetiva, é o do comportamento correto e probo, que viabiliza idôneo desenrolar da relação e o adimplemento satisfativo das prestações[535].

A este respeito, vale observar as considerações de Judith Martins-Costa. *In verbis*:

> As partes devem, na relação obrigacional, mútua lealdade e probidade no trato dos interesses envolvidos naquela relação, a fim de que esta chegue ao adimplemento satisfativo. Do vetor "correção" ou "probidade" nascem os deveres de cooperação mútua; do vetor "lealdade" e "consideração aos interesses alheios", as especiais cautelas de proteção para que, da relação jurídica em que estão coenvolvidos, não resultem danos injustos à pessoa e ao patrimônio da contraparte[536].

Aqui observamos a boa-fé objetiva em sua tríplice função: (i) interpretativa, conforme o art. 113 do Código Civil; (ii) fonte de deveres de conduta contratual, instrumentalizada pelo art. 422 do Código Civil; e (iii) parâmetro de restrição a comportamentos abusivos contratuais, viabilizando-se a averiguação da licitude comportamental, segundo art. 187 do Código Civil.

Sobre a intensidade da aplicação do princípio da boa-fé objetiva aos contratos relacionais, vale verificar apontamentos de Antonio Junqueira de Azevedo. *In verbis*:

> [...] o que se percebe é que há, no contrato relacional, um contrato de duração e que exige fortemente colaboração. São relacionais todos os contratos que têm por objeto a colaboração (sociedades, parcerias, etc.)

---

do contrato. In: AZEVEDO, Antonio Junqueira de. *Novos estudos e pareceres de direito privado*, cit.

533 MARTINS-COSTA, Judith. A relação contratual de shopping center, cit., p. 113.

534 MARTINS-COSTA, Judith. *Comentários ao Código Civil*. Do inadimplemento das obrigações. 2. ed. Rio de Janeiro: Forense, 2009. v. V, t. II, p. 39.

535 MARTINS-COSTA, Judith. A relação contratual de shopping center, cit., p. 113.

536 MARTINS-COSTA, Judith. *Comentários ao Código Civil*, cit., p. 73-76.

> e, ainda, os que, mesmo não tendo por objeto a colaboração, exigem-na intensa para poder atingir seus fins [...][537].

Nessa passagem, pode-se notar a necessária forte intensidade do princípio da boa-fé objetiva nos contratos relacionais, notadamente, haja vista a característica de ampla abertura e certa indefinição quanto ao futuro, implicando a exigência de lealdade e probidade entre as partes para que o objetivo final seja atingido por meio do cumprimento satisfativo das prestações ao longo do tempo.

Conforme Clóvis do Couto e Silva, a aplicação do princípio da boa-fé objetiva atende a diferentes graus ou se dá de forma escalonada. Haverá maior intensidade no grau de incidência de acordo com a espécie contratual em questão[538]. Assim, há casos em que a colaboração entre as partes tem de ser intensa a ponto de não prejudicar a consecução do objeto, pois, do objetivo do contrato[539].

Por todos esses motivos, a boa-fé objetiva manifesta-se em seu grau máximo nos contratos duradouros em que o deve de colaboração e lealdade seja essencial para o adimplemento das obrigações das partes e alcance do objetivo final almejado, assim como sói acontecer nos contratos de locação de shopping center[540]. Na lição de Clóvis do Couto e Silva, temos as seguintes considerações. *In verbis*:

> [...] cuida-se de algo mais do que a mera consideração, pois existe dever de aplicação à tarefa suprapessoal, e exige-se disposição ao trabalho conjunto e a sacrifícios relacionados com o fim comum [...][541].

Importante notar que a boa-fé objetiva atua tanto positiva quanto negativamente. No primeiro caso, para fomentar condutas probas e colaborativas todo o tempo. Já no segundo caso, para impedir comportamentos ditos oportunistas desligados do empreendimento genericamente considerado. Ou seja,

---

537 AZEVEDO, Antonio Junqueira de. (Parecer). Natureza jurídica do contrato de consórcio (sinalagma indireto). Onerosidade excessiva em contrato de consórcio. Resolução parcial do contrato. In: AZEVEDO, Antonio Junqueira de. *Novos estudos e pareceres de direito privado*, cit., p. 354.

538 COUTO E SILVA, Clóvis. *A obrigação como processo*, cit., p. 34.

539 BAPTISTA MACHADO, João. A cláusula do razoável. In: MARTINS-COSTA, Judith. *Obra dispersa*. Braga: Scientia Jurídica, 1991. v. I, p. 140.

540 MARTINS-COSTA, Judith. A relação contratual de shopping center, cit., p. 113.

541 COUTO E SILVA, Clóvis. *A obrigação como processo*, cit., p. 34.

as partes contratantes devem estar vertidas à finalidade comum da contratação, substituindo vantagens eminentemente pessoais, pelo menos à primeira vista, por vantagens finais comuns, barrando-se o *advantage-taking*[542].

Dentre os deveres de conduta advindos do princípio da boa-fé objetiva, o mais próximo é a lealdade, o qual requer comportamentos omissivos e comissivos, como, exemplificativamente, o dever de se inibir, a parte, em prejudicar o outro ou tomar atitudes que possam frustrar o fim comum do contrato relacional. Ou o dever de proceder positivamente, prestando informações, sempre que necessário, no intuito de não ferir expectativas legítimas da outra parte. É a chamada função de "governo de discricionariedade" ou "regra operacional *in executivis*" que desempenha a boa-fé objetiva, sobretudo, nos contratos relacionais[543].

Conforme já asseverado anteriormente, o princípio da boa-fé objetiva está para atuar em todo e qualquer contrato, mas é nos relacionais, em que a colaboração entre as partes é fundamental para atingimento do objeto e objetivo negocial, que ela tem sua eficácia mais intensa possível.

Essa colaboração, muitas vezes chamada de parceria (*lato sensu*), está no seio dos contratos de locação de espaço em shopping centers, em que o interesse comunitário permeia toda a estrutura econômico jurídica do empreendimento, observando-se, pois, alto grau de inserção do princípio da boa-fé objetiva[544].

Outro aspecto a ser estudado nos contratos de locação de shopping centers é o fato de serem contratos de adesão. Ou seja, o lojista, se quiser alugar, terá que aderir às condições genéricas impostas pelo empreendedor. Caso contrário, não conseguirá contratar, sendo certo que haverá "rigidez da predisposição unilateral"[545]. Vejamos o que Souza Ribeiro entende como contrato formado por adesão. *In verbis*:

> [...] exclusivamente, da questão de saber se o conteúdo das cláusulas pode ser imputado a ambas as partes ou se, pelo contrário, ele resulta de

---

[542] FORGIONI, Paula. *Teoria geral dos contratos empresariais*. São Paulo: RT, 2009. p. 211.

[543] CENDON, Paolo. *I contratti in generali*. Fonti – Diritto internazionale. Autonomia privata. Classificazione. Turim: Utet, 2000. p. 347.

[544] MARTINS-COSTA, Judith. A relação contratual de shopping center, cit., p. 114.

[545] AMOROSO, Gaetano. Contratti bancari e condizione generali di contratto. In: BIANCA, Massimo (Org.). *Le condizione generali di contrato*. Milão: Giuffrè, 1981. v. II, p. 85.

um "Diktat" unilateral, da imposição, por um dos contraentes, de uma prévia conformação inegociável[546].

Nesse contexto, se os contratos de locação de shopping centers (ou qualquer outro contrato) têm natureza adesiva, a eles aplicam-se as regras dos arts. 423 e 424 do Código Civil Brasileiro. Por conseguinte, cláusulas ambíguas ou contraditórias interpretam-se favoravelmente ao aderente, neste caso, ao lojista, de modo que serão inválidas por nulidade aquelas que prevejam renúncia antecipada a direitos resultantes da natureza do negócio[547].

Daí decorrem ou podem decorrer certas crises, as quais são ainda potencializadas pela aplicação da Lei de Locação comum a esse tipo mais complexo de relação, conforme visto já, como ocorre no caso da denúncia abusiva de contratos por termo indeterminado[548].

O art. 57 da Lei n. 8.245/91 dispõe que o contrato de locação por prazo indeterminado possa ser denunciado por escrito pelo locador, desde que concedidos 30 (trinta) dias ao locatário para desocupação. Ou seja, a chamada denúncia vazia também se estende aos contratos de cessão de uso de espaço em shopping centers, o que clama pela necessidade de, sistematicamente, integrar-se a interpretação articulada entre o Código Civil e a lei especial[549].

A denúncia traduz-se em declaração unilateral e receptícia de vontade, determinando termo final à relação jurídica por prazo indeterminado, enquanto dependa apenas e tão somente da vontade manifestada por um dos contratantes[550]. Trata-se de direito formativo extintivo, espécie de direito potestativo.

Pois bem. A denúncia é negócio jurídico. Logo, tem de ser vista por meio do prisma dos arts. 104, 113, 186 a 188, todos do Código Civil. E, já que contém direito potestativo, portanto, força extraordinária de influir na esfera jurídica de outrem, que nada pode fazer, a não ser se sujeitar, deve avaliar-se o modo pelo qual se pode operar, notadamente, observando-se a finalidade contratual[551].

---

546 RIBEIRO, Joaquim de Souza. O regime dos contratos de adesão: algumas questões decorrentes da transposição da directiva sobre as cláusulas abusivas. In: RIBEIRO, Joaquim de Souza. *Direito dos contratos:* Estudos. Coimbra: Editora Coimbra, 2007. p. 187.

547 MARTINS-COSTA, Judith. A relação contratual de shopping center, cit., p. 115.

548 MARTINS-COSTA, Judith. A relação contratual de shopping center, cit., p. 115.

549 MARTINS-COSTA, Judith. A relação contratual de shopping center, cit., p. 115.

550 PONTES DE MIRANDA, Francisco Cavalcanti. *Tratado de direito privado*, cit., t. III, p. 32.

551 MARTINS-COSTA, Judith. A relação contratual de shopping center, cit., p. 116.

Sem objeções ao raciocínio de que não se pode prender uma parte a um contrato de prazo indeterminado *ad eternum*, sob pena de ferir-se o princípio da liberdade contratual, devendo-se, nestes casos, sempre conferir-se o direito de resilir, nos termos do art. 473 do Código Civil.

Entretanto, o direito de resilir também, por seu turno, não pode ser absoluto. Sua eficácia deve ser modulada em certas ocasiões, a bem de proteger-se direitos do locatário, no caso dos shopping centers, especialmente, quando tal poder mostre-se abusivo ou lesivo à causa econômica do contrato ou às legítimas expectativas que se tenha gerado em relação à continuidade contratual por parte do locatário[552].

Há que se considerar a possível gravidade da situação daquele que fez investimentos para poder executar o contrato perfeitamente ou mesmo aquele que fez investimentos para poder desenvolver um negócio que dependa da locação para existir, mas que foi obrigado a rompê-la sem ter tido o tempo necessário para auferir retornos financeiros dessa atividade. Eis aí a interferência da regra do parágrafo único do art. 473 do Código Civil, que prolonga a eficácia da resilição unilateral no tempo para proteger aquele locatário que haja, de fato, incorrido em tais investimentos[553].

É uma regra que se coaduna perfeitamente com a doutrina dos contratos relacionais, que se prolongam no tempo, necessariamente. Somadas a isso, a forte pessoalidade da relação, a mútua confiança sem a qual não se chegaria à finalidade pretendida e a possibilidade de renegociação nos momentos de crise convergem para um quadro de intensa cooperação entre as partes, diferentemente do que ocorre nos contratos de execução instantânea.

Com efeito, os contratos de cessão de espaço em shopping center sofrem a incidência da norma do art. 473 do Código Civil Brasileiro, haja vista o seu parágrafo único não colidir com a Lei de Locações, a qual, como lei especial, somente afastaria a aplicação da lei geral (Código Civil), se, entre elas, houvesse incompatibilidade[554].

Assim, o art. 473 do Código Civil determina como deve ser a eficácia no tempo da denúncia de uma cessão de espaço em shopping center quando o contrato é por prazo indeterminado, sendo certo que o parágrafo único da citada norma tem natureza cogente, portanto, inafastável pela autonomia da

---

552 MARTINS-COSTA, Judith. A relação contratual de shopping center, cit., p. 116.

553 MARTINS-COSTA, Judith. A relação contratual de shopping center, cit., p. 116.

554 MARTINS-COSTA, Judith. A relação contratual de shopping center, cit., p. 117.

vontade. Quando a contratação se der por adesão, aplica-se a interpretação mais favorável ao aderente, nos termos do art. 423 do Código Civil[555].

Logo, quando o locador denuncia o contrato determinando o fim da relação negocial de uso de espaço em shopping center, vindo a frustrar a legítima expectativa do locatário que visava à continuidade da locação e tenha feito investimentos para que isso fosse possível, inclusive, observamos que tem esse direito à pretensão da continuidade da contratação, pelo menos, "pelo prazo compatível com a natureza e o vulto dos investimentos feitos", que será determinado de acordo com as ponderações do Poder Judiciário, tendo em vista os investimentos feitos e o que deixou de lucrar, sob o ponto de vista do lojista. E, pelo lado do empreendedor, a necessidade e o interesse em ter novos e outros lojistas, bem como as mudanças que os shopping centers clamam, pela dinâmica das relações envolvidas[556].

3.9 Conclusão parcial

O princípio da boa-fé objetiva e sua utilização mais incrementada possibilitaram que os juízes, ao aplicá-la, acompanhassem de forma mais adequada as mudanças socioeconômicas ao proferirem suas decisões, abertura que, por um lado, foi fator implementador de maior justiça, mas, por outro, permitiu a inclusão de riscos de arbitrariedade ao sistema.

De qualquer forma, essa mudança é necessária na sociedade complexa da atualidade, em que vivem os contratos relacionais, ressalvada a relação entre os contratos existenciais e os de lucro, para melhor acomodarem as relações igualmente complexas. Necessariamente, os contratos têm de ser abertos, incompletos, prolongados e programáticos. E podem ser assim pela aplicação da boa-fé objetiva de forma intensa. Muito mais intensa do que em outras formatações contratuais descontínuas, em que não deixam de atuar.

Na verdade, os deveres anexos da boa-fé objetiva são parte do objeto do contrato relacional, tão importante quanto o objeto prestacional envolvendo a troca, de modo que, descumpri-los implica inadimplemento tão significativo quanto o inadimplemento prestacional, o que gera consequências igualmente relevantes.

---

[555] MARTINS-COSTA, Judith. A relação contratual de shopping center, cit., p. 117.

[556] MARTINS-COSTA, Judith. A relação contratual de shopping center, cit., p. 117.

A verificação teórica e concreta disso não é rara. Temos a existência do art. 131, especialmente, inciso I, do Código Comercial do Império, o exemplo dos contratos previdenciários e o exemplo dos contratos de cessão de espaço nos *shopping centers*.

CONSIDERAÇÕES FINAIS

A complexidade da sociedade atual, contextualizada na ampliação globalizada das trocas de mercadorias e serviços, culminou em crescente modificação das práticas contratuais capazes de abarcarem adequadamente novas e mais complexas práticas mercantis. Os Direito Contratual Clássico e Neoclássico já não dispunham de todas as ferramentas capazes de fornecer respostas aos anseios dessa nova sociedade da "realidade pós-moderna"[557].

Os paradigmas clássico e neoclássico eram basicamente os mesmos e pressupunham a existência de contratos descontínuos e instantâneos, em que prevalecia a concentração no objeto prestacional propriamente dito, que eram celebrados pelo mútuo consentimento e em que se fazia a presentificação, ou seja, tentativa de regrar acontecimentos futuros pelo que houvera sido pactuado no presente[558].

Isso não significou, todavia, a extinção dos contratos clássico e neoclássicos, mas existência simultânea de variadas estruturas, conforme Maria Luíza Pereira de Alencar Mayer Feitosa, sintetizadas pelos seguintes esquemas, *in verbis*:

> [...] clássico, assinalado pelo voluntarismo e pelo respeito quase incondicional aos postulados da autonomia da vontade e da liberdade de contratar; (ii) neoclássico, marcado por regras de disciplinamento exterior e de tutela social; e (iii) contratos organizados e regulados a partir das demandas do mercado globalizado, nomeadamente os contratos nos setores comerciais e financeiros, impulsionadores de um processo de permanente reestruturação do direito dos contratos[559].

---

557 MARQUES, Cláudia Lima. *Contratos de defesa do consumidor*, cit., 4. ed., p. 969.

558 FEITOSA, Maria Luíza Pereira de Alencar Mayer. As relações multiformes entre contrato e risco. *Revista de Direito Mercantil, Industrial, Econômico e Financeiro,* São Paulo, ano XLIV (Nova Série), n. 139, p. 109-126, jul./set. 2005. p. 109.

559 FEITOSA, Maria Luíza Pereira de Alencar Mayer. As relações multiformes entre contrato e risco, cit., p. 109.

Nesse contexto, surge a teoria dos contratos relacionais formulada pelo professor universitário norte-americano Ian R. Macneil, condizente com a realidade atual, conduzidos por uma lógica totalmente diferente da pré-existente, submetidos à análise econômica[560], caracterizados pela flexibilidade, pela abertura, pela incompletude, pelo planejamento e pelo prolongamento temporal a que estão sujeitos[561].

Nos contratos relacionais, as partes desenvolvem um perene processo de renegociação do pacto inicial, de acordo com o que as circunstâncias exijam, como ocorre, por exemplo, nos contratos de franquia, nos contratos de distribuição, nos contratos previdenciários e, até mesmo, nos casamentos[562].

Pelo tipo de interação, as expectativas e riscos são recíprocos e as crises da ou sobre a relação são dificilmente previsíveis, de modo que são necessárias cláusulas que prevejam a renegociação para certas ocorrências, assim como métodos para solucionar eventuais controvérsias, dando-se prioridade àquelas que fujam do controle jurisdicional, ou seja, prefere-se a regulação interna.

Isso não significa que essa regulação não possa ser feita por um terceiro eleito pelas partes contratantes. É o que considera Kleber Luiz Zanchin, no âmbito dos contratos de Parceria Público Privada, que, pela incompletude e demais características, são colocados entre os contratos relacionais, *in verbis*:

> A participação de terceiros tende a melhorar a governança do contrato, sendo possível vê-los como fomentadores da troca de informações entre os contratantes, com consequente controle de oportunismo destes. Os terceiros acompanham a execução da avença e ajudam a preservar o "pacto adjeto" de distribuição de riscos, monitorando sua efetividade

---

560 O surgimento dos contratos relacionais está também muito ligado ao capitalismo financeiro, principalmente pela "fraqueza normativa" que atrai seus operadores, na medida em que gera condições de mobilidade. Supera-se o *corporate law*, ligado ao Estado, para maior liberdade mercadológica. Seria um novo *laissez-passer*. Por isso, seu ambiente ideal se deu nos Estados Unidos da América, onde o *Welfare State* sempre teve ocorrência diversa da europeia (FEITOSA, Maria Luíza Pereira de Alencar Mayer. As relações multiformes entre contrato e risco, cit., p. 122).

561 Maria Luíza Pereira de Alencar Mayer Feitosa refina a caracterização temporal dos contratos relacionais, asseverando que "podem não chegar a ter longa duração, mas são, certamente, contratos celebrados na intenção de subsistirem. São, portanto, mais contratos de duração que de longa duração (FEITOSA, Maria Luíza Pereira de Alencar Mayer. As relações multiformes entre contrato e risco, cit., p. 115).

562 Parte da doutrina brasileira adota com dificuldades a inclusão do casamento como contrato relacional, vez que discutível seu entendimento como contrato (FEITOSA, Maria Luíza Pereira de Alencar Mayer. As relações multiformes entre contrato e risco, cit., p. 115).

nos cenários de incerteza. Amparam também a flexibilidade do contrato, ajustando obrigações conforme o tempo. Não se subordinam a qualquer das partes, sendo seu custo considerado custo do projeto[563].

Juntamente com os contratos relacionais, surgem outras novas figuras contratuais como decorrência da supracitada "realidade pós-moderna", tais como os contratos-quadro, os contratos incompletos, os contratos coligados e as redes contratuais, mas que com os contratos relacionais não se confundem.

A incompletude é uma característica que permeia toda a gama contratual, dada a racionalidade limitada dos indivíduos, o que é especialmente reconhecido nos contratos relacionais, os quais são propositadamente incompletos, na medida em que o objeto vai se formando e reformando ao longo do tempo, permitindo a flexibilidade também em relação a outras obrigações.

Os contratos-quadro, nascidos a partir da prática comercial, servem, muita das vezes, à satisfação da necessidade de maior flexibilidade nas relações de duração, viabilizando o planejamento em relação a eventualidades futuras. Ocorre que não têm finalidade própria, dependendo de futuros contratos de aplicação para que se efetivem as trocas propriamente ditas[564]. Assim como os contratos relacionais, tendem a lidar com relações de longa duração e fomentam a flexibilidade destas, mas não contêm em si o objeto, diferentemente dos contratos relacionais, os quais mantêm certa desejada incompletude, sem prescindir de objeto, todavia.

Já as coligações e redes contratuais guardam proximidade com os contratos relacionais na medida em que o tempo prolongado também é algo não só desejado, como necessário à obtenção dos resultados. Inclusive, os primeiros são, muita das vezes, formados por conjuntos de contratos relacionais e demandam a intensa aplicação da boa-fé objetiva para sobreviver. Os participantes abrem mão de vantagens puramente individuais para beneficiar o grupo e, no médio ou longo prazos, auferir os ganhos desse investimento.

Os conceitos de contratos coligados, redes contratuais e contratos relacionais são chaves complementares, não concorrentes entre si[565]. Enquanto pelos últimos busca-se a transição da concepção tradicional clássica, pelos primeiros

---

563 ZANCHIN, Kleber Luiz. *Contratos de parceria público privada (PPP):* risco e incerteza. São Paulo: Quartier Latin, 2012. p. 208-209.

564 GATSI, Jean. *Le contrat-cadre*, cit, p. 8-9.

565 LEONARDO, Rodrigo Xavier. *Redes contratuais no mercado habitacional*, cit., p. 137.

visa-se à extrapolação da visão individualizada do contrato, para enxergá-lo coletivamente no sistema em que está inserido[566].

Nada obstante, não se confundem com os contratos relacionais, que são instrumentos bilaterais, no caso das franquias, por exemplo, ou plurilaterais, no caso dos contratos de sociedade, porém, sem a necessária coabitação grupal causal que leve a outras consequências.

Os contratos relacionais instituem interações contínuas, contendo cláusulas abertas e programáticas, por meio das quais se regulam os termos da pactuação. Assim, dependem muito da aplicação forte da boa-fé objetiva sob o viés da cooperação. Toda essa microssociedade vive em torno do compartilhamento de ônus, bônus e riscos, de modo que se distancia de um sistema contratual clássico como a venda e compra pura. Aproxima-se, por seu turno, do contrato de sociedade.

Não há dúvidas, portanto, de que a boa-fé objetiva exerce papel fulcral nos contratos relacionais, em todas as suas fases, interna e externamente, *ex ante* e *ex post*. Trata-se a boa-fé de instituto de raízes romanas e significado equívoco, que provocou nuances em sua conceitualização e aplicação durante tempos.

Com efeito, é no Direito das Obrigações e sob a concepção objetiva que se encontra em *habitat* e forma de ocorrência mais naturais. O § 242 do BGB (somado ao §157) foi precursor da fundação de uma concepção absolutamente inovadora da relação obrigacional e, portanto, do contrato, repercutindo em outras legislações continentais europeias, que influenciaram outros ordenamentos jurídicos periféricos[567].

A introdução legislativa da boa-fé no Brasil se deu pela via do Código de Defesa do Consumidor, apesar da presença no Código Comercial do Império de 1850, especificamente, art. 131, porém, praticamente considerado "letra morta".

Mas foi com sua inserção pelo art. 422 do Código Civil de 2002 que teve sua aplicação ampliada exponencialmente em nosso sistema, o que serviu para um grande avanço jurídico, mas também propiciou alguns importantes riscos,

---

566 KONDER, Carlos Nelson. *Contratos conexos:* grupos de contratos, reder contratuais e contratos coligados, cit., p. 161.

567 A este respeito ver: RODRIGUES JUNIOR, Otavio Luiz. A influência do BGB e da doutrina alemã no Direito Civil brasileiro do século XX. *Revista dos Tribunais*, São Paulo: RT, v. 938, p. 79-155, dez. 2013.

justamente, consequente à probabilidade de vulgarização e utilização massificada e indistinta pelos juízes, como se fosse uma "varinha de condão".

É a referência proposta pelo alemão Jan Peter Schmidt ao dissertar sobre a aplicação, muita das vezes retórica, da boa-fé objetiva na práxis judicial brasileira, notadamente, no âmbito do Superior Tribunal de Justiça, com o agravante de que a doutrina brasileira não exerce o papel crítico contributivo que é feito na Alemanha, indicando caminhos e soluções com base em críticas de casos julgados outrora[568].

Sublinhe-se que a intromissão da figura externa do juiz no contrato deve ser a exceção, e não a regra. Ou, por outra: o já referido princípio da autonomia da vontade, ainda que de aplicação mitigada pelos novos princípios contratuais, entre eles, a boa-fé objetiva, tem funcionalidades muito marcantes, as quais tornam sua utilização muito útil, na medida em que contém a expressão da vontade dos contratantes. Isso implica o fato de que a doutrina e jurisprudência, sobretudo, tenham de se ocupar em desenvolver e utilizar as ferramentas jurídicas de forma mais prática que meramente argumentativa[569].

Isso não significa que devamos abandonar o rigor técnico metodológico, sob pena de eventuais decisões judiciais deixarem de ser técnicas e racionais para serem atos de vontade, em especial quando estamos circundados por uma doutrina que, majoritariamente, relata a jurisprudência sem criticá-la. Além do fato de que a escolha técnica teórica tenha se dado por algum fundamento legislativo, o que limitaria objetivamente os julgadores, ou seja, ignorá-lo não seria uma opção ao aplicar a lei[570].

Conforme salienta Otavio Luis Rodrigues Junior, no Brasil, estamos chegando a um debate sobre as cláusulas gerais e os princípios contratuais, notadamente, acerca da boa-fé objetiva, correspondente ao que já ocorreu na

---

568 Resenha de Otavio Luiz Rodrigues Jr. acerca da palestra intitulada "Dez anos do artigo 422 do Código Civil – Luz e sombra na aplicação do princípio da boa-fé na práxis judicial brasileira", proferida na Faculdade de Direito do Largo São Francisco, no dia 4 de dezembro, por Jan Peter Schmidt, tomando por base o texto original do autor em referência.

569 RODRIGUES JUNIOR, Otavio Luiz. Um "modelo de revisão contratual por etapas" e a jurisprudência contemporânea do Superior Tribunal de Justiça. In: LEMOS, Patrícia Faga Iglesias; LOPEZ, Teresa Ancona; RODRIGUES JUNIOR, Otavio Luiz (Coord.). *Sociedade de risco e direito privado:* desafios normativos, consumeristas e ambientais. São Paulo: Atlas, 2013. p. 513.

570 RODRIGUES JUNIOR, Otavio Luiz. Um "modelo de revisão contratual por etapas" e a jurisprudência contemporânea do Superior Tribunal de Justiça, cit., p. 471.

Alemanha da primeira metade do século XX, onde a boa-fé objetiva foi "do céu ao inferno", citando Reinhard Zimmermann e Simon Whittaker[571].

Interessante notar como a jurisprudência Ocidental tem se comportado frente ao desafiador mister de aplicar-se a boa-fé objetiva com correção nos casos em que é chamada a se pronunciar. A este respeito, digna de nota a histórica mudança de posicionamento da Suprema Corte do Canadá por ocasião da prolação do Acórdão *Bhasin v. Hrynew* [2014 SCC 71].

Em comparação com a aplicação que damos ao instituto no Brasil e em outros sistemas, especialmente os continentais europeus, a "inovação" canadense foi tímida, para dizer o menos, porque considerou o reconhecimento e aplicação da boa-fé para interferir em uma relação contratual privada, em detrimento do princípio da liberdade contratual, santificado pelo Direito canadiano de raízes inglesas, mas o fez de forma muito restrita, a ponto de ignorar sua aplicação na fase de negociações preliminares, por exemplo.

Infelizmente, a "tecnologia de ponta" [572] que detemos em relação à aplicação da boa-fé objetiva talvez se deva mais a razões históricas de quebras e inadimplementos contratuais frequentes do que do aprofundamento dogmático sobre o tema, com avanços jurisprudenciais.

Atendo-nos às suas funções, a boa-fé objetiva pode: (i) atuar como cânone hermenêutico e integrativo; (ii) ser fonte de deveres jurídicos; e (iii) limitar o exercício de direitos subjetivos. Destaca-se a cooperação entre os deveres anexos que dela emanam, exercendo papel importante e intenso nos contratos relacionais.

Retomando o que asseveramos anteriormente, nos contratos relacionais vige o compartilhamento de ônus, bônus e riscos. Primariamente, as partes buscam o benefício do pacto, da microssociedade e, secundariamente, buscam tirar proveito disso em termos individuais. Tais contratos são incompletos e, desejavelmente, autorregulados pelas cláusulas programáticas envolvendo

571 ZIMMERMANN, Reinhard; WHITTAKER, Simon. Good faith in European contract law: surveing the legal landscape. In: ZIMMERMANN, Reinhard; WHITTAKER, Simon (Ed.). *Good faith in European contract law.* Cambridge: Cambridge University Press, 2000. p. 20 apud RODRIGUES JUNIOR, Otavio Luiz. Um "modelo de revisão contratual por etapas" e a jurisprudência, cit., p. 513.

572 RODRIGUES JUNIOR, Otavio Luiz. *Suprema Corte do Canadá muda entendimento sobre a boa-fé (Parte 3),* cit.

mecanismo de (re)negociação. Por isso, o princípio da boa-fé objetiva tem uma dimensão central, especialmente pelo viés da cooperação[573].

Na verdade, a dinâmica relacional, a nosso ver, somente é possível em virtude da aplicação intensa da boa-fé objetiva, *habitat* em que tal instituo circula em sua plenitude, integralmente. Quando se constata que estamos diante de um contrato relacional, consequente a automaticamente, inferimos que a boa-fé tenha de ser aplicada de forma profunda, observando-se, por um lado, a necessidade de continuidade da relação o tanto quanto seja possível e, por outro, o dever de cooperação exercido pelas partes, tudo à luz do caso concreto.

Por isso, discordamos de posicionamentos que entendem interessante haver modificações legislativas no sentido de que o Código Civil dispusesse de forma específica sobre as condições peculiares dos contratos similares aos relacionais ou contratos de longo prazo, em geral, notadamente sobre o dever de cooperação. Defensores dessa tese alegam que poderia haver disposições específicas sobre tais tipos de contratação, tangenciando a interpretação dos deveres das partes, com regras específicas visando exigir padrão de conduta cooperativo dos contratantes[574].

Consideramos que, ao se constatar a presença de um contrato relacional, contendo todas as características e surtindo todos os efeitos alinhavados ao longo desse trabalho dissertativo, há implicação automática da aplicação intensa da boa-fé objetiva e de todos os deveres laterais de conduta adequados ao caso concreto, o que pode ser feito, perfeitamente, pela via dos arts. 113 e 422 do Código Civil, seja de modo *ex ante*, seja *ex post*.

A verificação da ocorrência prática e teórica disso pode se dar com clareza em muitos casos, conforme já aludimos, temos a existência do art. 131 do Código Comercial do Império, ainda em meados da metade do século XIX, o exemplo dos contratos previdenciários e o exemplo dos contratos de cessão de espaço nos shopping centers.

Portanto, talvez a lógica relacional não seja ainda tão observada e ressaltada no Brasil em função de vivermos em um sistema capitalista incompleto, se assim podemos definir, em que não há, por exemplo, pelo menos em

---

573 KONDER, Carlos Nelson. *Contratos conexos:* grupos de contratos, reder contratuais e contratos coligados, cit., p. 160.

574 Há posições dando conta de que o Código Civil apenas trate com especificidade dos casos relativos à denúncia e à onerosidade excessiva, nos artigos 473 e 478 a 480, respectivamente, ensejando a necessidade de novel normatização específica (SCHUNK, Giuliana Bonanno. *Contratos de longo prazo e dever de cooperação*, cit., p. 182-184).

magnitude que se assemelhe, o capitalismo financeiro norte-americano, que foi um dos impulsionadores dessa teoria.

De qualquer forma, com o irremediável processo de globalização das relações econômicas e sociais e o incremento das economias periféricas, ainda que de forma mais lenta, pode levar-nos ao reconhecimento e operacionalização da teoria relacional de forma mais ampla e profunda e, juntamente isso, da intensidade elevada com que se aplica a boa-fé objetiva no âmbito dos contratos relacionais.

REFERÊNCIAS

AGUIAR JÚNIOR, Ruy Rosado de. Contratos relacionais, existenciais e de lucro. *Revista Trimestral de Direito Civil, RTDC*, Rio de Janeiro, ano 12, v. 45, p. 91-110, jan./mar. 2011.

AGUIAR JÚNIOR, Ruy Rosado de. *Extinção dos contratos por incumprimento do devedor (resolução)*. Rio de Janeiro: Aide, 2003.

ALPA, Guido. I principi generali. In: IUDICA, G.; ZATTI, P (Org.). *Tratato di diritto privato*. Milano: Giuffrè, 1993.

ALPA, Guido. La buena fé integrativa. Notas acerca de la direción parabólica de las clausulas generales. In: CÓRDOBA, M., CORDOBERA, Lídia M. G., KLUGER, Viviana (Org.). *Tratado de la buena fé en el derecho*. Buenos Aires: La Ley, 2004.

ALPA, Guido. *Manuale di diritto privato*. 4. ed. Padova: Cedam, 2005.

ALPA, Guido; BESSONE, Mario. *Elementi di diritto privato*. Roma: Latezza, 2001.

ALPA, Guido; FONSI, G. RESTA. G. *L'interpretazione del contratto* – Orientamenti e tecniche della giurisprudenza. 2. ed. Milão: Giuffrè, 2001.

AMOROSO, Gaetano. Contratti bancari e condizione generali di contratto. In: BIANCA, Massimo (Org.). *Le condizione generali di contrato*. Milão: Giuffrè, 1981. v. II.

ANDRADE, Darcy Bessone de Oliveira. *Do contrato:* teoria geral. Rio de Janeiro: Forense, 1987.

ANTUNES VARELLA, J. M. *Direito das obrigações*. Rio de Janeiro: Forense, 1977.

ARAÚJO, Fernando. *Análise económica do direito:* programa e guia de estudo. Coimbra: Almedina, 2008.

ARAÚJO, Fernando. *Teoria econômica do contrato*. Coimbra: Almedina, 2007.

ARAÚJO, Paulo Dóron Rehder de. *Prorrogação compulsória de contratos a prazo*. Tese (Doutorado) – Faculdade de Direito, Universidade de São Paulo, São Paulo, 2011.

ASCARELLI, Tullio. O contrato plurilateral. In: ASCARELLI, Tullio. *Problemas das sociedades anônimas e direito comparado*. Campinas: Bookseller, 2001.

ASCARELLI, Tullio. *O contrato plurilateral. Problemas das sociedades anônimas e direito comparado*. São Paulo: Saraiva, 1946.

ATIYAH, Patrick. *The rise and fall of freedom of contract*. Oxford University Press, 1979.

AZEVEDO, Antonio Junqueira de. Contrato de distribuição – Causa final dos contatos de trato sucessivo – Resilição unilateral e seu momento de eficácia – interpretação contratual – Negócio *per relationem* e preço determinável – Conceito de "compra" de contrato e abuso de direito. *Revista dos Tribunais*, São Paulo, v. 93, n. 826, ago. 2004.

AZEVEDO, Antonio Junqueira de. Diálogos com a doutrina: entrevista com Antonio Junqueira de Azevedo. *Revista Trimestral de Direito Civil*, Rio de Janeiro, v. 9, n. 34, p. 299-308, abr./jun. 2008.

AZEVEDO, Antônio Junqueira de. *Estudos e pareceres de direito privado*. São Paulo: Saraiva, 2009.

AZEVEDO, Antonio Junqueira de. *Negócio jurídico:* existência, validade e eficácia. 2. ed. São Paulo: Saraiva, 1986.

AZEVEDO, Antonio Junqueira de. *Noções gerais e formação da declaração negocial*. Tese para o concurso de professor titular de Direito Civil da Faculdade de Direito da Universidade de São Paulo, São Paulo, 1986.

AZEVEDO, Antonio Junqueira de. *Novos estudos e pareceres de direito privado*. São Paulo: Saraiva, 2009.

BAPTISTA MACHADO, João. A cláusula do razoável. In: MARTINS-COSTA, Judith. *Obra dispersa*. Braga: Scientia Jurídica, 1991. v. I.

BEST, Michael. *The new competition. Institutions of industrial restructuring*. Harvard University Press, 1990.

BETTI, Emilio. *Teoria generale della interpretazione*. Millano: Giuffrè, 1990.

BEZERRA, Andréia Cristina; PARENTONI, Leonardo Netto. A reconsideração da personalidade jurídica nos contratos mercantis de colaboração. *Revista de Direito Mercantil, Industrial, Econômico e Financeiro*, São Paulo, ano L, n. 158, p. 189-210, abr./jun. 2011.

BORGES, Roxana Cardoso Brasileiro. Reconstrução do conceito de contrato: do clássico ao atual. In: HIRONAKA, Giselda Maria Fernandes Novaes; TARTUCE, Flávio (Coord.). *Direito contratual:* temas atuais. São Paulo: Método, 2007.

BOUCHER, Douglas H. The idea of mutualism, past and future. In: BOUCHER, Douglas H. (Coord.). *The biology of mutualism:* ecology and evolution. New York: Oxford University Press, 1985.

BOURDIEU, Pierre. *Raisons sur la théorie de l'action*. Paris: Éditions du Seuil, 1994.

BURTON, Steven. More on good faith performance of a contract: a reply to professor summers. *Iowa Law Review*, n. 497, v. 69, 1984.

CACHAPUZ, Maria Claudia Mércio. *A proteção à intimidade e à vida privada orientada no discurso jurídico:* contribuição da leitura ao novo Código Civil. Tese (Doutorado) – Faculdade de Direito da Universidade Federal do Rio Grande do Sul. Porto Alegre, 2004.

CAMPBELL, David. The incompleteness of our understanding of the law and economics of relational contract. *Wisconsin Law Review*, p. 645-678, 2004.

CAMPBELL, David. The social theory of relational contract: Macneil as the modern Proudhon. *International Journal of Sociology of the Law*, v. 18, n. 1, 1990.

CAMPBELL, David; HARRIS, Donald. Flexibility in long-term contractual relationships: the role of co-operation. *Journal of Law and Society*, v. 20, n. 2, 1993.

CAMPOBOSSO. *Diritto commerciale* – Diritto dell'impreza. 3. ed. Torino: Utel, 1997.

CANARIS, Claus-Wilhelm. *Función, estrutura y falsación de las teorias jurídicas.* Madrid: Civitas, 1995.

CARNELUTTI, Francesco. *Teoria giuridica della circolazione.* Padova: Cedam, 1933.

CARVALHOSA, Modesto. Considerações sobre relações jurídicas em "shopping centers". In: PINTO, Roberto W. Renault; OLIVEIRA, Fernando A. Albino de (Coord.). *Shopping Centers* – Questões jurídicas. São Paulo: Saraiva, 1991.

CASTRONOVO, C. L'aventura delle clausole generale. *Rivista Critica del Diritto Privato*, anno IV, 1986.

CATEB, Alexandre Bueno; GALLO, José Alberto A. Breves considerações sobre a teoria dos contratos incompletos. *Berkley Program in Law and Economics Working Papers:* 050107-4/2007. p. 10. Disponível em: <http://repositories.cdlib.org/bple/alacde/050107-4>. Acesso em: 12 nov. 2015.

CENDON, Paolo. *I contratti in generali.* Fonti – Diritto internazionale. Autonomia privata. Classificazione. Turim: Utet, 2000.

CHIOVENDA. *Istituzioni di diritto processuale civile.* Napoli: Jovene, 1933. v. I.

COASE, Ronald H. The problem of social cost. *The Journal of Law and Economics*, v. 3, 1960.

COLLART DUTILLEUL, François; DELEBECQUE, Philippe. *Contrats civils et commerciaux.* Paris: Dalloz, 1991.

COLLINS, Hugh. *The law of cantracts.* 2. ed. London: Butterworths, 1993.

COLLINS, Hugh. *The law of contract.* 4. ed. Cambridge: Cambridge University Press, 2008.

COMPARATO, Fábio Konder. A cláusula de não concorrência nos "shopping centers". *Revista de Direito Mercantil*, n. 97, 1995.

COMPARATO, Fábio Konder. *Novos ensaios e pareceres de direito empresarial*. Rio de Janeiro: Forense, 1981.

CORRADINI, Domenico. *Criterio della buona fede e la scienza del diritto privatto*. Milano: Giuffrè, 1970.

COUTO E SILVA, Clóvis Veríssimo do. *A obrigação como processo*. Porto Alegre: Universidade Federal do Rio Grande do Sul, Meridional, 1964.

COUTO E SILVA, Clóvis Veríssimo do. *A obrigação como processo*. 2. ed. Rio de Janeiro: FGV Editora, 2006.

COUTO E SILVA, Clóvis Veríssimo do. *A obrigação como processo*. São Paulo: J. Bushatsky, 1976.

COUTO E SILVA, Clóvis Veríssimo do. O princípio da boa-fé no direito brasileiro e português. In: FRADERA, Véra Maria Jacob de (Org.). *O direito privado na visão de Clóvis do Couto e Silva*. Porto Alegre: Livraria do Advogado, 1997.

COUTO E SILVA, Clóvis Veríssimo do. O princípio da boa-fé no direito brasileiro e português. In: *Estudos de direito civil brasileiro e português*. São Paulo: RT, 1986.

DEAKIN, Simon; LANE, Christel; WILKINSON, Frank. Contract law, trust relations, and incentives for co-operation: a comparative study. In: DEAKIN, Simon; MICHIE, Jonathan (Ed.). *Contracts, co-operation and competition:* studies in economics, management, and law. Oxford: Oxford University Press, 2003.

DIAS, Daniel Pires Novais. O *duty to mitigate the loss* no direito civil brasileiro e o encargo de evitar o próprio dano. *Revista do Curso de Direito da UNIFACS*, n. 139, 2012. Disponível em: <http://www.revistas.unifacs.br/index.php/redu/article/view/1894>. Acesso em: 22 out. 2015.

DORE, Ronald. Goodwill and the spirit of market capitalism. In: GRANOVETTER, Mark; SWEDBERG, Richard (Ed.). *The sociology of economic life*. Westview Press, Colorado, 1992.

DURKHEIM, Émile. *The division of labor in society*. Tradução de W. D. Halts. NewYork: Free Press, 1993.

EWALD, François. A concept of social law. In: *Dilemmas of Law in the Welfare State*, Berlin: European University Institute, 1985.

FABRE-MAGNAN, Muriel. *De l'obligation d'information dans les contrats:* essai d'une theorie. Paris: Librairie Générale de Droit et de Jurisprudence, 1992.

FACHIN, Luiz Edson. *Estatuto jurídico do patrimônio mínimo*. Rio de Janeiro: Renovar, 2001.

FEITOSA, Maria Luíza Pereira de Alencar Mayer. As relações multiformes entre contrato e risco. *Revista de Direito Mercantil, Industrial, Econômico e Financeiro,* São Paulo, ano XLIV (Nova Série), n. 139, p. 109-126, jul./set. 2005.

FEITOSA, Maria Luíza Pereira de Alencar Mayer. *Paradigmas inconclusos:* os contratos entre a autonomia privada, a regulação estatal e a globalização dos mercados. Coimbra: Editora Coimbra, 2007.

FERES, Marcos Vinício Chein; DIAS, João Paulo Torres. Teoria geral dos contratos relacionais: uma análise procedimental. *Revista de Direito Privado,* São Paulo, ano 8, n. 30, abr./jun. 2007.

FERRAZ JR., Tércio Sampaio. *Teoria da norma jurídica.* Rio de Janeiro: Forense, 1978.

FORGIONI, Paula A. A interpretação dos negócios empresariais no novo Código Civil brasileiro. *RDM*, São Paulo, Malheiros, 1.30/7-38, 2003.

FORGIONI, Paula A. Apontamentos sobre algumas regras de interpretação dos contratos comerciais: Pothier, Cairu e Código Comercial de 1850. *Revista de Direito Mercantil,* v. 141, 2007.

FORGIONI, Paula A. *Contrato de distribuição.* 2. ed. São Paulo: RT, 2008.

FORGIONI, Paula A. *Contrato de distribuição.* São Paulo: RT, 2005.

FORGIONI, Paula. *Teoria geral dos contratos empresariais.* São Paulo: RT, 2009.

FORRAY, Vincent. *Le consensualisme dans la théorie générale du contrat.* Paris: LGDJ, 2007.

FOSSOUL, Xavier. La bonne foi et le droit des sociétés. In: DAVID-CONSTANT, Simone (Org.). *La bonne foi, actes du coloque organisé le 30 mars par la conférence libre du jeune barreau de Liège.* Lièges: A.S.B.L., 1990.

FRADA, Manoel Antonio Carneiro da. *Contrato e deveres de proteção.* Coimbra: Gráfica de Coimbra, 1994.

FRADA, Manuel Antonio Carneiro da. *Teoria da confiança e responsabilidade civil.* Coimbra: Almedina, 2001.

FRADERA, Véra Maria Jacob de. A quebra positiva do contrato. *Revista da AJURIS,* Associação dos Magistrados do Rio Grande do Sul, n. 44, p. 144-152, nov. 1998.

FRADERA, Véra Maria Jacob. Pode ser o credor instado a diminuir o próprio prejuízo? *Revista Trimestral de Direito Civil,* Rio de Janeiro, v. 19, p. 109-119, jun./set. 2004.

FRIED, Charles. *Contract as promise:* a theory of contractual obligations. Harvard University Press, 1981.

FRIEDMAN, Lawrence M. *Contract law in America:* a social and economic case study. Louisiana: Quid Pro Books, 1965.

FULLER, L. L.; PERDUE Jr., William R. The reliance interest in contract damages. *Yale Law Journal,* n. 46, p. 52-96, 1936.

GATSI, Jean. *Le contrat-cadre.* Paris: LGDJ, 1996.

GAUDEMET, Eugène. *L'interpretation du Code Civil en France depuis 1804.* La Mémoire du Droit. Paris, 2002.

GETMAN, Julius G.; GOLDBERG, Stephen B.; HERMAN, Jeanne M. *Union representation elections:* law and reality. New York: Russell Sage Foundation Press, 1976.

GHESTIN, Jacques. L'analyse économique de la clause générale. In: GRUNDMANN, Stefan; MAZEAUD, Denis (Org.). *General clauses and standards in European contract law – comparative law, EC law and contract law codification.* The Hague: Kluwer Law International, 2006. p. 165-188.

GILSON & MOOKIN. Sharing among the human capitalism: an economic inquiry into the corporate law firm and how patterns split profits. *Stanford Law Review,* n. 313, v. 37, 1985.

GIORGIANNI, Michele. Negozi giuridici collegati. Separata da *Rivista Italiana per le Sciènze Giuridiche,* Roma: Soc. Ed. del Foro Italiano, 1937.

GLENDON, Mary Ann. The new family and the new property. *Boston College International and Comparative Law Review,* v. 6, 1983.

GODOY, Claudio Luiz Bueno de. *Função social do contrato:* os novos princípios contratuais. São Paulo: Saraiva, 2004.

GODOY, Claudio Luiz Bueno de. O princípio da boa-fé objetiva. In: GOZZO, Débora; MOREIRA ALVES, José Carlos; REALE, Miguel (Coord.). *Principais controvérsias no novo Código Civil:* textos apresentados no II Simpósio Nacional de Direito Civil. São Paulo: Saraiva, 2006.

GOETZ, Charles J.; SCOTT, Robert E. The mitigation principle: toward a general theory of contractual obligation. *Law Review*, Virginia, v. 69, n. 6, p. 967-1024, 1983.

GOMES, Orlando. *Contratos.* 26. ed. revista e atualizada por Antonio Junqueira de Azevedo e Francisco P. de Crescencio Marino. Rio de Janeiro: Forense, 2009. v. 3.

GOMES, Orlando. Traços do perfil jurídico de um shopping center. In: ARRUDA, José S.; LOBO, Carlos A. da Silveira (Coord.). *Shopping centers* – aspectos jurídicos. São Paulo: RT, 1984.

GRAMSTRUP, Erick Frederico. Contratos relacionais. In: LOTUFO, Renan; NANNI, Giovanni Ettore (Coord.). *Teoria geral dos contratos.* São Paulo: Atlas, 2011.

GRANIERI, Massimiliano. *Il tempo e il contratto.* Itinerario storico-comparativo sui contratti di durata. Milano: Giuffrè, 2007.

HALPÉRIN, Jean-Louis. *La lecture de Pothier per la doctrine du XIX siècle, Robert Joseph Pothier, d'hier à aujourd'hui.* Paris: Economica, 2001.

HART, Oliver; MOORE, John. Incomplete contracts and renegotiation. *The Review of Economics Studies*, v. 56, n. 4, p. 755-785, jul. 1988.

HAVIGHURST, Harold C. *The nature of private contract.* Evanston, III, Northwestern University Press, 1961.

HERMALIN, Benjamin E.; KATZ, Avery; CRASWELL, Richard. *The law and economics of contracts*, p. 70. Disponível em: <http://papers.ssrn.com/sol3/papers.cfm?abstract_id= 907678##>. Acesso em: 10 abr. 2014.

HIRSCHMANN, Albert O. *Saída, voz e lealdade.* São Paulo: Perspectiva, 1973.

HORWITZ, Morton J. *The transformation of American law 1780-1860.* Oxford University Press, 1977.

HURST, James Willard. *Law and the conditions of freedom in the nineteenth-century United States.* The University of Wisconsin Press, 1956.

ITURRASPE, Jorge Mosset. *Contratos conexos:* grupos y redes de contratos. Buenos Aires: Rubinzal-Culzoni, 1999.

ITURRASPE, Jorge Mosset. *Interpretación económica de los contratos*: justicia contractual. Buenos Aires: Rubinzal-Culzoni, 1994.

JALUZOT, Béatrice. *La bonne foi dans les contrats:* étude comparative de droit français, allemand et japonais. Paris: Dalloz, 2001.

JOERGES, Christian (Ed.). *Franchising and the law. Theoretical and comparative approaches in Europe and the United States.* Nomos Verlagsgesellschaft, Baden-Baden, 1991.

KATAOKA, Eduardo Takemi. *A coligação contratual.* Rio de Janeiro: Lumen Juris, 2008.

KATZ, Avery W. Contractual incompleteness: a transactional perspective. *Case Western Res. Law Review*, v. 56, p. 169-186, 2005-2006.

KOCKA, Jurgen. The rise of modern industrial enterprise in Germany. In: CHANDLER, Alfred; DAEMS, Herman (Ed.). *Managerial hierarchies.* Cambridge: Harvard University Press, 1980.

KONDER, Carlos Nelson. *Contratos conexos:* grupos de contratos, reder contratuais e contratos coligados. Rio de Janeiro: Renovar, 2006.

KUHN, T. S. *The structure of scientific revolutions.* 2. ed., enlarged. Chicago and London: University of Chicago Press, 1970.

LABORDERIE, Anne-Sophie Lavefve. *La pérennité contractuelle.* Paris: LGDJ, 2005.

LANGBEIN, John H.; WOLK, Bruce A. *Pension and employee benefit law.* New York: The Foundation Press, 1995.

LARENZ, Karl. *Derecho de obligaciones.* Madrid: Edersa, 1958. t. I.

LEONARDO, Rodrigo Xavier. *Redes contratuais no mercado habitacional.* São Paulo: RT, 2003.

LEQUETTE, Suzanne. *Le contrat-coopération* – contribution à la théorie générale du contrat. Paris: Economica, 2012.

LEVIN, Joel; MACDOWELL, Banks. The balance theory of contracts: seeking justice in voluntary obligations. *McGill Law Journal,* v. 29, p. 24-87, 1983.

LEWIS, D. H. Symbiosis and mutualismo: crisp concepts and soggy semantics. In: BOUCHER, Douglas H. (Coord.). *The biology of mutualism:* ecology and evolution. New York: Oxford University Press, 1985.

LISBOA, José da Silva. *Princípios de direito mercantil e leis de marinha.* 6. ed. Rio de Janeiro: Typographia Acadêmica, 1874.

LÓPES FRÍAS, Ana. *Los contratos conexos:* estúdios de supuestos concretos y ensayo de uma constructión doctrinal. Barcelona: Bosch, 1994.

LORENZETTI, Ricardo Luis. Esquema de uma teoria sistemática del contrato. *Revista de Direito do Consumidor,* São Paulo: RT, v. 33, jan. 2001.

LORENZETTI, Ricardo Luis. *Tratado de los contratos.* Buenos Aires: Runbizal-Culzoni, 1999. t. 1.

LORENZETTI, Ricardo Luis. *Tratado de los contratos.* Buenos Aires: Ribinzal-Culzoni, 2003. v. 1.

LOTUFO, Renan. Teoria geral dos contratos. In: LOTUFO, Renan; NANNI, Giovanni Ettore (Coord.). *Teoria geral dos contratos.* São Paulo: Atlas, 2011.

MACARIO, Francesco. *Adeguamento e rinegoziazione nei contratti a lungo termine.* Napoli: Jovene Editore, 1996.

MACARIO, Francesco. Le soprawenienze. In: ROPPO, Vincenzo (Coord.). *Trattato del contratto:* rimedi 2. Milano: Giuffrè, 2006. v. 5.

MACAULAY, Stewart. Non-contractual relations in business: a preliminary study. *American Sociological Review,* v. 28/55-67, 1963.

MACAULAY, Stewart. *The use and non-use of contracts in the manufacturing industry,* 9 Prac. Law., Nov. 1963.

MACEDO JUNIOR, Ronaldo Porto. *Contratos relacionais e defesa do consumidor.* 2. ed. São Paulo: RT, 2007.

MACEDO JUNIOR, Ronaldo Porto. *Contrato previdenciário como contrato relacional.* Disponível em: <http://www.boletimjuridico.com.br/doutrina/texto.asp?id=165>. Acesso em: 10 fev. 2015.

MACNEIL, Ian R. Bureaucracy, America, the legal profession, and community. *Northwestern University Law Review* (forthcoming), n. 79, 1985.

MACNEIL, Ian R. Contracts: adjustment of long-term economic relations under classical, neoclassical, and relational contract law. *Northwestern University Law Review*, v. 72, n. 6, 1988.

MACNEIL, Ian R. Economic analysis of contractual relations: if shortfalls and the need for a rich classificatory apparatus. *Northwestern University Law Review*, v. 72, n. 6, 1988.

MACNEIL, Ian R. Exchange revisited: individual utility and social solidarity. *Ethics*, v. 96, n. 3, p. 567-593, April 1986.

MACNEIL, Ian R. *O novo contrato social:* uma análise das relações contratuais modernas. Tradução de Alvamar Lamparelli. Rio de Janeiro: Elsevier, 2009.

MACNEIL, Ian R. Relational contract: what we do and do not know. *Wisconsin Law Review*, v. 483, 1985.

MACNEIL, Ian R. The many futures of contracts. *California Law Review*, v. 47, 1974.

MACNEIL, Ian R. Values in contract: internal and external. *Northwestern University Law Review*, v. 78, 1993.

MALINVAUD, Philippe. *Droit des obligations*. 8. ed. Paris: Litec, 2003.

MARINO, Francisco Paulo de Crescenzo. *Contratos coligados no direito brasileiro*. São Paulo: Saraiva, 2009. v. 1.

MARQUES, Cláudia de Lima. *Contratos no Código de Defesa do Consumidor*. 2. ed. São Paulo: RT, 1995.

MARQUES, Cláudia de Lima. *Contratos no Código de Defesa do Consumidor*. 7. ed. São Paulo: RT, 2014.

MARQUES, Cláudia Lima. *Contratos de defesa do consumidor*. 4. ed. São Paulo: RT, 2002.

MARTINEZ, Pedro Romano. *O subcontrato*. Coimbra: Almedina, 1989.

MARTINS-COSTA, Judith. *A boa-fé no direito privado*. São Paulo: RT, 1999.

MARTINS-COSTA, Judith. A relação contratual de shopping center. *Revista do Advogado*, São Paulo, AASP, v. 116, 2002.

MARTINS-COSTA, Judith. *Comentários ao Código Civil*. Do inadimplemento das obrigações. 2. ed. Rio de Janeiro: Forense, 2009. v. V, t. II.

MARTINS-COSTA, Judith. Os campos normativos da boa-fé objetiva: as três perspectivas do direito privado brasileiro. In: AZEVEDO, Antonio Junqueira de; TÔRRES, Heleno Taveira; CARBONE, Paolo (Coord.). *Princípios do novo Código Civil brasileiro e outros temas* – homenagem a Tullio Ascarelli. 2. ed. São Paulo: Quartier Latin, 2010.

MARTINS-COSTA, Judith. Responsabilidade civil contratual. Lucros cessantes. Resolução. Interesse positivo e interesse negativo. Distinção entre lucros cessantes e lucros hipotéticos. Dever de mitigar o próprio dano. Dano moral e pessoa jurídica. In: LOTUFO, Renan; NANNI, Giovanni Ettore; MARTINS, Fernando Rodrigues (Coord.). *Temas relevantes do direito civil contemporâneo:* reflexões sobre os dez anos do Código Civil. São Paulo: Atlas, 2012.

MENDONÇA, J. X. Carvalho de. *Tratado de direito comercial brasileiro*. 3. ed. Rio de Janeiro: Freitas Bastos, 1939. v. VI, Livro IV, Parte I.

MENEZES CORDEIRO, António Manuel da Rocha e. *Da boa-fé no direito civil*. Coimbra: Almedina, 1997.

MENEZES CORDEIRO, António Manuel da Rocha e. *Da boa-fé no direito civil*. Coimbra: Almedina, 2001.

MENEZES CORDEIRO, António Manuel da Róchа e. *Direito das obrigações*. Lisboa: Associação Acadêmica da Faculdade de Direito de Lisboa, 1980. v. 1.

MESSINEO, Francesco. Contratto collegato. *Enciclopedia del Diritto*. Milano: Giuffrè, 1962. v. 10.

MESSINEO, Francesco. *Manuale di diritto civile*. Milano: Giuffrè, 1952. v. 2.

MONTI, Alberto. *Buona fede e assicurazione*. Milano: Giuffrè, 2002.

MORSELLO, Marco Fábio. Contratos existenciais e de lucro. Análise sob a ótica dos princípios contratuais contemporâneos. In: LOTUFO, Renan; MARTINS, Fernando Rodrigues; NANNI, Giovani Ettore (Coord.). *Temas relevantes do direito civil contemporâneo*. São Paulo: Atlas, 2012.

NANNI, Giovanni Ettore. A obrigação de renegociar no direito contratual brasileiro. *Revista do Advogado*, São Paulo, AASP, ano XXXII, n. 116, p. 88-97, jul. 2012.

NANNI, Giovanni Ettore. Contratos coligados. In: LOTUFO, Renan; NANNI, Giovanni Ettore (Coord.). *Teoria geral dos contratos*. São Paulo: Atlas, 2011.

NANNI, Giovanni Ettore. O dever de cooperação nas relações obrigacionais à luz do princípio constitucional da solidariedade. In: NANNI, Giovanni Ettore (Coord.). *Temas relevantes do direito civil contemporâneo:* reflexões sobre os cinco anos do Código Civil. São Paulo: Atlas, 2008. p. 283-321.

NEGREIROS, Teresa. *Teoria do contrato:* novos paradigmas. Rio de Janeiro: Renovar, 2002.

NEIRA, Lilian C. San Martín. Sobre la naturaleza jurídica de la 'cooperación' del acreedor al cumplimiento de la obligación. La posicion dinâmica del acreedor en la relación obligatoria, como sujeto no sólo de derechos, sino también de cargas y deberes. *Revista de Derecho Privado*, n. 21, p. 208-282, Julio/Diciembre 2011.

NORTH, Douglas C. *Institutions, transaction costs, and the rise of Merchant empires*. The Political Economy of Merchant Empires. New York: Cambridge University Press, 1991.

OPPO, Giorgio. I contratti di durata – Parte I. *Rivista del Diritto Commercial e del Diritto Generale dele Obligazioni*, Casa Editrice Dotore Francesco Vallardi, 1943. v. XLI.

OPPO, Giorgio. I contratti di durata – Parte II. *Rivista del Diritto Commercial e del Diritto Generale dele Obligazioni*, Casa Editrice Dotore Francesco Vallardi, 1944. v. XLII.

PEREIRA, Paulo Sérgio Velten. *A exceção do contrato não cumprido fundada na violação de dever lateral.* Dissertação (Mestrado) – Faculdade de Direito, Pontifícia Universidade Católica, São Paulo, 2008.

PERLINGIERI, Pietro. *Perfis do direito civil:* introdução ao direito civil constitucional. Rio de Janeiro: Renovar, 1999.

PINTO, Carlos Alberto da Mota. *Cessão da posição contratual.* Cessão da posição contratual. Coimbra: Almedina, 2003.

PINTO, Carlos Alberto da Mota. Paulo da. *Declaração tácita e comportamento concludente no negócio jurídico.* Coimbra: Almedina, 1995.

PIORE, Michael J.; SABEL, Charles. *The second industrial divide. Possibilities for prosperity.* Basic Books, 1984.

PONTES DE MIRANDA, Francisco Cavalcanti. *Tratado de direito privado.* Rio de Janeiro: Borsói, 1954. t. II, t. III,

POSNER, Richard A. The law and economics of contract interpretation. *Texas Law Review,* v. 83:1581, 2005.

PÓVOAS, Manoel Soares. *Previdência privada.* Rio de Janeiro: Fundação Escola Nacional de Seguros, 1985.

RADIN, Margaret. Property and personhood. *Stanford Law Review,* n. 957, v. 34, 1982.

RAPPAZZO, Antonio. *Il contratti collegati.* Milano: Giuffrè, 1998.

REALE, Miguel. *História do novo Código Civil.* São Paulo: RT, 2005.

REALE, Miguel. *O projeto de Código Civil*: situação atual e seus problemas fundamentais. São Paulo: Saraiva, 1986.

REITER, B. J. Good faith in contracts. *Valparaiso University Review,* n. 705, v. 17, n. 4, 1883.

RIBEIRO, Joaquim de Souza. O regime dos contratos de adesão: algumas questões decorrentes da transposição da directiva sobre as cláusulas abusivas. In: RIBEIRO, Joaquim de Souza. *Direito dos contratos:* Estudos. Coimbra: Editora Coimbra, 2007.

RODRIGUES JUNIOR, Otavio Luiz. A influência do BGB e da doutrina alemã no Direito Civil brasileiro do século XX. *Revista dos Tribunais*, São Paulo: RT, v. 938, p. 79-155, dez. 2013.

RODRIGUES JUNIOR, Otavio Luiz. *Suprema Corte do Canadá muda entendimento sobre a boa-fé (Parte 1).* Disponível em: <http://www.conjur.com.br/2014-dez-31/

direito-comparado-suprema-corte-canada-muda-entendimento-boa-fe>. Acesso em: 10 nov. 2015.

RODRIGUES JUNIOR, Otavio Luiz. *Suprema Corte do Canadá muda entendimento sobre a boa-fé (Parte 2)*. Disponível em: <http://www.conjur.com.br/2015-jan-07/direito--comparado-canada-muda-entendimento-boa-fe-parte> Acesso em: 10 nov. 2015.

RODRIGUES JUNIOR, Otavio Luiz. *Suprema Corte do Canadá muda entendimento sobre a boa-fé (Parte 3)*. Disponível em: < http://www.conjur.com.br/2015-jan-14/direito-comparado-suprema-corte-canada-muda-entendimento-boa-fe-parte>. Acesso em: 10 nov. 2015.

RODRIGUES JUNIOR, Otavio Luiz. Um "modelo de revisão contratual por etapas" e a jurisprudência contemporânea do Superior Tribunal de Justiça. In: LEMOS, Patrícia Faga Iglesias; LOPEZ, Teresa Ancona; RODRIGUES JUNIOR, Otavio Luiz (Coord.). *Sociedade de risco e direito privado:* desafios normativos, consumeristas e ambientais. São Paulo: Atlas, 2013.

RODRIGUES, Sílvio. *Direito civil:* dos contratos e das declarações unilaterais de vontade. 30. ed. atual. de acordo com o novo Código Civil. São Paulo: Saraiva, 2004. v. 3.

ROE, Mark J. Some differences in corporate structure in Germany, Japan, and the United States, 102, *Yale Law Journal*, June, 1993.

RONGEAT-OUDIN, Federica; OUDIN, Martin. The reception of the UNIDROIT principles by the lex mercatoria: the example of good faith. *International Business Law Journal*, 697-723, 2009.

ROPPO, Enzo. *O contrato*. Tradução de Ana Coimbra e Manuel Januário Costa Gomes. Coimbra: Almedina, 1988.

ROPPO, Vincenzo. *Il contratto del duemila*. 3. ed. Torino: Giappichelli, 2011.

SABEL, Charles F.; PIORE, Michael J. *The second industrial divide:* possibilities for prosperity. Basic Books, 1984.

SALOMÃO FILHO, Calixto. Breves acenos para uma análise estruturalista do contrato. *Revista de Direito Mercantil, Industrial, Econômico e Financeiro*, v. 141, 2006.

SALOMÃO FILHO, Calixto. *O novo direito societário*. 2. ed., reformulada. São Paulo: Malheiros, 2002.

SAYAG, Alain. *Le contrat-cadre, 2, la distribution*. Paris: Litec, 1995.

SCHREIBER, Anderson. A proibição de comportamento contraditório – Tutela da confiança e *venire contra factum proprium*. 2. ed. Rio de Janeiro: Renovar, 2007.

SCHUNK, Giuliana Bonanno. *Contratos de longo prazo e dever de cooperação*. Tese (Doutorado) – Faculdade de Direito, Universidade de São Paulo, São Paulo, 2013.

SCOTT, Robert E. Conflict and cooperation in long-term contracts. *California Law Review*, v. 75, p. 2005-2054, 1987.

SEGAL, Ilya. Complexity and renegotiation: a foundation for incomplete contracts. *The Review of Economic Studies*, v. 66, n. 1, Special Issue: Contracts, p. 57-82, jan. 1999.

SILVA, Jorge Cesa Ferreira da. *A boa-fé e a violação positiva do contrato*. Rio de Janeiro: Renovar, 2002.

SOARES, Guido Fernando Silva. Órgãos dos estados nas relações internacionais: formas da diplomacia e as imunidades. Rio de Janeiro: Forense, 2001.

SOMBRA, Thiago Luís Santos. *Adimplemento contratual e cooperação do credor*. São Paulo: Saraiva, 2011.

SUMMERS, Robert. The general duty of good faith – its recognition and conceptualization. *Cornell Law Review*, n. 810, v. 67, 1982.

SZTAJN, Rachel. Sociedades e contratos incompletos. *Revista da Faculdade de Direito da Universidade de São Paulo*, v. 101, p. 171-179, jan./dez. 2006.

TEIXEIRA DE FREITAS, Augusto (Org.). *Regras de direito:* seleção clássica em quatro partes. São Paulo: Lejus, 2000.

TEPEDINO, Gustavo. Notas sobre a função social do contrato. In: TEPEDINO, Gustavo; FACHIN, Luiz Edson (Coord.). *O direito e o tempo:* embates jurídicos e utopias contemporâneas: estudos em homenagem ao professor Ricardo Pereira Lira. Rio de Janeiro: Renovar, 2008.

TEPEDINO, Gustavo; SCHREIBER, A. A boa-fé objetiva no Código de Defesa do Consumidor e no novo Código Civil. *Revista da EMERJ*, Edição Comemorativa dos 15 anos da Constituição Federal, n. 23, p. 139-151, out. 2003.

TREMMEL, Pat Vaughan. *Obituary*: Ian R. Macneil. 17.2.2010. Disponível em: <http://www.northwestern.edu/newscenter/stories/2010/02/macneil.html>. Acesso em: 2 nov. 2015.

TUCCI, José Rogério Cruz e. *Tempo e processo:* uma análise empírica das repercussões do tempo na fenomenologia processual civil e penal. São Paulo: RT, 1997.

WILLIAMSON, Oliver. *The economic institutions of capitalism*. New York: Free Press, 1985.

WILLIAMSON, Oliver. Transaction – cost economics: the governance of contractual relations. 22, *Journal of Law & Economics*, 233, n. 1, 1979.

ZANCHIN, Kleber Luiz. *Contratos de parceria público privada (PPP):* risco e incerteza. São Paulo: Quartier Latin, 2012.

ZANETTI, Cristiano de Sousa. *Responsabilidade pela ruptura das negociações*. São Paulo: Juarez de Oliveira, 2005.

ZIMMERMANN, Reinhard; WHITTAKER, Simon. Good faith in European contract law: surveing the legal landscape. In: ZIMMERMANN, Reinhard; WHITTAKER, Simon (Ed.). *Good faith in European contract law*. Cambridge: Cambridge University Press, 2000.